主 编／包淑萍
副主编／曾 珍 高振东

外语外贸院校
大学生职业生涯规划与就业指导案例集

WAIYU WAIMAO YUANXIAO
DAXUESHENG ZHIYE SHENGYA GUIHUA
YU JIUYE ZHIDAO ANLI JI

项目策划：刘　畅
责任编辑：刘　畅
责任校对：王小碧
封面设计：墨创文化
责任印制：王　炜

图书在版编目（CIP）数据

外语外贸院校大学生职业生涯规划与就业指导案例集／包淑萍主编．— 成都：四川大学出版社，2021.6
ISBN 978-7-5690-4156-9

Ⅰ．①外… Ⅱ．①包… Ⅲ．①大学生－职业选择－案例－高等学校－教材 Ⅳ．① G647.38

中国版本图书馆 CIP 数据核字（2021）第 001660 号

书　名	外语外贸院校大学生职业生涯规划与就业指导案例集
主　编	包淑萍
出　版	四川大学出版社
地　址	成都市一环路南一段 24 号（610065）
发　行	四川大学出版社
书　号	ISBN 978-7-5690-4156-9
印前制作	四川胜翔数码印务设计有限公司
印　刷	成都金龙印务有限责任公司
成品尺寸	170mm×240mm
印　张	14
字　数	267 千字
版　次	2021 年 6 月第 1 版
印　次	2021 年 6 月第 1 次印刷
定　价	48.00 元

版权所有 ◆ 侵权必究

◆ 读者邮购本书，请与本社发行科联系。
电话：(028)85408408/(028)85401670/
(028)86408023　邮政编码：610065
◆ 本社图书如有印装质量问题，请寄回出版社调换。
◆ 网址：http://press.scu.edu.cn

四川大学出版社
微信公众号

序　言

《教育部关于做好2019届全国普通高等学校毕业生就业创业工作的通知》指出："促进高校毕业生就业创业，既是民生，也是国计，事关广大群众切身利益，事关社会和谐稳定，事关社会主义现代化建设，事关高等教育健康发展。"2019年10月30日，2020届全国普通高校毕业生就业创业工作网络视频会议也指出，要以习近平新时代中国特色社会主义思想为指导，深入落实党中央、国务院关于促进高校毕业生就业创业的一系列重大决策部署，把高校毕业生就业摆在最突出位置，确保高校毕业生就业大局稳定。

近年来，一个困扰高等教育的问题就是用人单位的需求和高校毕业生的素质不匹配。一方面，每年800余万的毕业生的就业率下滑成为政府和家庭的隐忧；另一方面，社会急需的专业人才高校又不能全部满足。这对矛盾在外语外贸类院校尤为突出，这主要是由于外语外贸类院校教育结构同质化严重，而这一问题能否得到解决关系到学生的未来人生发展，情况迫在眉睫。

为了有效地化解这一矛盾，四川外国语大学全面贯彻党和国家教育方针，结合学生实际，通过开展职业生涯团体辅导、模拟招聘大赛、创业大赛、就业沙龙、职业生涯规划大赛、简历大赛、职商训练营、企业走访、考公考研培训班等系列就业创业品牌活动，实现了在大学生的就业创业指导中对其进行思想引领，鼓励一批大学生到基层、到西部、到祖国最需要的地方去大展宏图；实现了精准化、专业化的就业指导，为贫困大学生、就业困难大学生、少数民族大学生提供就业帮助，进行就业扶持；实现了就业创业指导教师的优质化、专家化建设，建设了一支深入学生群体、了解学生需求、业务熟练、能够帮扶学生的优质教师队伍；实现了大学生朋辈互助，选树了一批就业典型，极大地鼓舞了在校大学生在身边榜样的引领下，书写人生奋进之笔。基于此，《外语外贸院校大学生职业生涯规划与就业指导案例集》应运而生。

本书的编辑出版是四川外国语大学东方语学院就业工作方面的又一个新举措，《案例集》主要内容是对我校近几年来在签约就业、考研升学、公务员考录、出国留学及实习实践等多个方向表现优秀的学子的事例进行总结和分享，由有多年就业指导工作经验的辅导员老师对这些事例进行专业化的点评，对于提升教师就业创业指导针对性、实效性，提升在校大学生的就业创业能力，有效解决大学生个体素质与用人单位需求不匹配的问题具有十分重要的意义。本书全面生动地展示了有关大学生职业规划、就业创业等方面的一般规律，读者通过阅读本书，既能了解大学生在校四年来学习、生活、实践方面存在的种种困惑，同时也能掌握大学生在老师、家长和同学的帮助下走出困境、探索未来的人生轨迹，更能让在校大学生找准未来发展的方向。优秀就业典型的人生经历和感悟，可以让大学生更加了解专业、行业在社会中的发展状况，教会他们进行时间管理、学习管理、考取执业资格证书的技巧和方法等。本书对大学生、就业指导教师、学生家长均有较强的现实指导意义和较高的应用价值。

党的十九大报告中指出："中华民族伟大复兴的中国梦终将在一代代青年的接力奋斗中变为现实""要关心和爱护青年，为他们实现人生出彩搭建舞台"。本书彰显了我校对当代青年大学生人生未来发展的深切关注，通过对朋辈就业经典案例的深入剖析、点评及经验总结，为外语外贸类院校乃至全国高校做好大学生职业生涯规划和就业指导提供了鲜活的素材，有助于帮助大学生搭建出彩的人生舞台，助力青年大学生放飞青春的梦想，在不懈奋斗中书写人生华章！

是为序！

邹　渝

四川外国语大学党委书记

2019 年 11 月 29 日

编写说明

在编者眼中,《外语外贸院校大学生职业生涯规划与就业指导案例集》(以下简称《案例集》)是一本属于本科学生的、实用性强的参考书,也是一座满足高校职业生涯与就业指导教师的教学需求的丰富宝库。

本书53篇案例的主人公是近几年从四川外国语大学(以下简称"川外")走出去或即将走出去的可爱的同学们。书中写的是他们进入川外以来,在川外的学习、生活、就业过程中体会和总结的点点滴滴,有着最新鲜的感受、最鲜活的体验,极具感染力和说服力。他们从川外走向世界各地,从本科的听课学习到职场的就业创业,他们跨越了时间和空间的维度,与大家分享了属于川外学子的学习成长故事和职业生涯规划经历。这些真实生动案例的主人公,有的曾经是傲骄自信的"学霸",成绩优秀,综合实力强,最终保研上了国内一流的大学;有的是实习达人,曾在TCL、腾讯等知名企业实习,拿到了满意的录取通知;有的曾参与各种高规格的志愿服务,秉持奉献、友爱、互助、进步的志愿精神,挥洒青春,贡献力量;有的是留学"大咖",曾留学泰国、越南、约旦等国家,向学弟学妹分享实实在在的游学攻略;有的是有"公务员情结"的有志青年,凭着毅力、智慧和勇气在千军万马过独木桥的大战中脱颖而出……故事里有喜悦,有悲伤,有感动,有失落,有愤怒,有惧怕,故事里更有规划和方法、行动和策略、动力和激励、关爱和能量……正是这一个个鲜活的川外学子学习成长故事如同细胞一般构成了《案例集》有血有肉的躯体,代表着川外学子在学业学习、职业生涯规划和职业发展道路上的风景和路标。

感谢川外本科2007级、2014级、2015级、2016级和研究生2016级的亲爱的小伙伴们,在与你们的相处过程中,我也在不断地成长,我现在将你们分享的故事整理出来,让你们成功的智慧、拼搏的勇气成为指引学弟学妹前进的动力与方向。

感谢川外罗文青、曾珍、黄进财三位老师的鼎力支持,在你们的支持下这本书能够顺利面世,得以帮助莘莘学子在职业规划的道路上、在求职路上走得更加坚定和顺利。

感谢我的同事高振东老师,由于你的加入,案例的编著工作才得以顺利完成。

感谢四川大学出版社的编辑们,由于你们的辛勤劳作和对我的信任与鼓励才有了这本书的出版。

本书系重庆市教委人文社会科学类党建纪监专项《以"三引领四融合"促进高校学生党支部组织力提升》(项目编号 20SKDJ011),四川外国语大学教学改革研究项目《红岩精神融入高校思想政治工作的路径研究》(项目编号:GY1965258)和四川外国语大学党建和思想政治教育项目《高校学生党支部组织力提升的路径研究》(项目编号 sisu2019058)的阶段性成果。

包淑萍

四川外国语大学

2019 年 12 月 24 日

目 录

第一篇　成功就业篇……………………………………………（1）
- 积蓄力量，蓄势而动…………………………………………（3）
- 向内认知，向外行走…………………………………………（12）
- 愿所有的坎坷曲折终成美丽…………………………………（16）
- 面对选择，我们都曾迷茫……………………………………（22）
- 毕业求职经验谈………………………………………………（26）
- 应届毕业生互联网行业求职心得……………………………（29）
- 无限进步………………………………………………………（32）
- 打有准备之仗…………………………………………………（35）
- 崭露头角，人生另一段旅程的开始…………………………（38）
- 勇敢说"不"……………………………………………………（42）
- 随遇而安，却也依然勇往直前………………………………（47）
- 做一个有心人…………………………………………………（52）
- 就业前后：永远努力，永远幸运……………………………（55）
- 事在人为，有志者事竟成……………………………………（60）
- 凡是过去，皆为序章…………………………………………（63）
- 在路上…………………………………………………………（66）
- 抓住你的黄金时代……………………………………………（69）
- 不打无准备之战………………………………………………（72）

第二篇　考研达人篇……………………………………………（75）
- 关于奋斗的回忆………………………………………………（77）
- 一颗赤子之心，一路乘风破浪………………………………（80）
- 结束，新的开始………………………………………………（83）
- 写给学弟学妹们的一封信……………………………………（86）
- 考研攻略详解…………………………………………………（88）

天道酬勤——成为自己的onepick ································ （92）
　　求知，哪怕远在中国 ·· （95）
　　心有定锚，方能远行——起航川外 ································ （97）
　　靡不有初，鲜克有终 ·· （100）
　　我们的征途是星辰大海 ·· （105）
　　考研，那些日子 ··· （108）

第三篇　公务员录取篇 ··· （111）
　　"国考"，一次千军万马过独木桥的较量 ······················ （113）
　　长风破浪会有时 ··· （121）
　　雄关漫道真如铁 ··· （125）
　　君志所向，一往无前 ·· （128）

第四篇　出国留学篇 ··· （133）
　　路漫漫其修远兮 ··· （135）
　　塞翁失马，焉知非福 ·· （138）
　　运筹帷幄　逐梦远方 ·· （141）
　　不枉时光，砥砺前行 ·· （144）
　　青春须早为 ··· （147）
　　越南印象 ··· （150）
　　充实而快乐的越南留学之旅 ··· （153）
　　阿拉伯语国家留学经验分享 ··· （156）
　　留学丰富人生蓝图 ·· （160）

第五篇　实习实践篇 ··· （163）
　　智博会志愿者感想 ·· （165）
　　"重庆市南滨国际戏剧节"志愿活动有感 ····················· （167）
　　重庆大韩民国临时政府旧址陈列馆志愿活动有感 ····· （170）
　　邱县立信会计事务所实习心得体会 ····························· （172）
　　桑杨社区实习心得体会 ·· （174）
　　担当资助大使的收获 ·· （177）
　　读万卷书，行万里路 ·· （179）
　　假期公司实习心得 ·· （181）

扬州广播电视总台实习心得 …………………………………………… (183)
探索未知，走向未来 …………………………………………………… (186)
固帆调向，冲向新的风浪 ……………………………………………… (190)
思立行——成功走向社会的跳板 ……………………………………… (194)

附录1 职业代码对照表 ………………………………………………… (197)
附录2 工作价值观清单 ………………………………………………… (202)
附录3 职业技能分类卡（GCDF）……………………………………… (203)
附录4 职业锚测评表及解析 …………………………………………… (206)
附件5 职业价值观分类卡 ……………………………………………… (211)
附录6 兴趣岛测试 ……………………………………………………… (213)
附录7 霍兰德人格六角模型 …………………………………………… (214)

第一篇

成功就业篇

积蓄力量，蓄势而动

小旭是四川外国语大学2019届阿拉伯语专业的一名毕业生。他是通过四川外国语大学招生就业处启动的企业秋季招聘会（以下简称"秋招"）获得的面试机会，继而找到了自己心仪的工作。或许他择业、就业的过程不具有普遍性，但编者还是希望通过讲述小旭的求职经历，为广大毕业生的顺利就业贡献一份微薄的力量。

一、确定就业方向

通过与小旭的深入沟通可以发现，在他看来，找工作的第一步应当是确定自己感兴趣的就业方向，而不是慌不择路地随大流去投递简历。是从事本专业对口的工作，还是用自己的其他特长去寻求一份与大学专业并不太相关的工作？是进入工作强度较大但薪资较高的行业，还是去从事朝九晚五、较为清闲，但待遇平平的一份工作？是进私企，还是进国企？是进入互联网行业，还是进入工程类行业？这些都是需要求职者在找工作前真正弄清楚的。弄清楚自己想要的是什么，是单纯考虑工资薪酬的丰厚与否，还是考虑个人时间的多寡，抑或是以综合考虑各种因素的均衡为导向？有的毕业生也许有疑惑：我并不十分肯定自己内心的想法，因为我对就业毫无了解，感到前途一片迷茫。若想更清楚地了解自己的内心选择，以下方法或许能帮到你。

1. 多询问长辈的工作感受及意见。各位同学的父母、亲戚，以及其他一些年长的长辈已工作多年，他们丰富的工作经验往往对我们的就业、择业有着直接的借鉴意义，因为他们扎根在自己工作岗位几十年的工作过程中或多或少都积累了宝贵的工作经验，对所处的行业和相关的产业往往也有着更为细致的了解和更为直观的感受。

2. 向相似年龄段的人群讨教。这里所说的相似年龄段的人群包括已就业的哥哥姐姐、学长学姐等。因为作为前辈，他们已经积攒了一定的工作经验，但毕竟涉世未深，面对当今日益激烈的就业市场，他们也存在着对各行业的最新资讯了解掌握不够的问题。因此，与你年龄相差不大、进入职场若干年的各位前辈可能是你很好的参考对象。多向他们询问工作感受、工作内容，以及各个方面的待遇情况，等等，或许他们的经验会给你莫大的帮助。

3. 积极寻找公司实地实习。所谓实践出真知，若想对某个行业有更为清晰的认识，赴相关公司实地实习可以说是一个最好的方法。实习期间，你可以了解到该公司具体的规章制度、各类工作岗位具体的工作职责和内容等，也能够更清楚地了解到这个行业的总体发展情况。实习过后，你可能会觉得自己幻想破灭——这份工作与自己当初的设想简直是千差万别；也可能感到十分惊喜——我发现了一份自己真正感兴趣的工作。不论产生哪种想法，这些想法都会对你自己之后的择业、就业有着最实际的帮助与指导意义。

实习公司的选择也是大有讲究的。因为你在大公司的实习经历可以当作日后择业乃至就业的重要筹码，并且大部分知名公司的实习岗位数量都非常有限，这就需要你提前认真做好相关准备事宜，才能寻求到一个自己向往的实习岗位；若你对实习的公司并不想挑三拣四，而仅是将实习工作当做一块"试金石"，借实习来认清自己的兴趣点所在，那笔者建议你可以更广泛地去申请实习岗位，而不为某个公司中的某一个岗位花费太多时间与精力。

二、利用好不同的就业平台

当代大学生获取就业信息的渠道众多，方式也多种多样，如学校招生就业办发布的就业信息、网络招聘启事、校园双选会、高校联合举办的招聘会、社会招聘会。以下是小旭同学在案例分享会以及与笔者的谈话中重点介绍过的几种主要渠道。

1. 学校招生就业办发布的就业信息（秋招、春招）。一般从每年的9月份、次年的3月份开始，各大公司都会启动招聘工作、发布招聘启事，而学校招生就业办会将经审核登记的公司招聘启事信息予以发布。各大公司在发布招聘启事的同时大多都会来校进行现场宣讲，因此参加宣讲会是了解各个公司的最直接的途径，或许你会在来校公司中挑选到你心仪的公司。一般情况下，公司招聘团首先会进行30分钟的宣讲，之后会收取同学们的简历，部分公司甚至会在宣讲会后直接进行面试，因此同学们在参加宣讲会前最好提前大致了解一下该公司的情况等信息，推荐使用"看准""大街""智联招聘""前程无忧"等App了解相关公司的实际情况，并在参加宣讲会时随身携带简历，做好面试准备。

2. 网络招聘启事。在网络如此发达的时代，绝大多数公司都会将招聘信息发布在网络上，以若干微信公众号（如"外语圈儿""外语好工作"）为例，这样的公众号招聘季发布的推文都会把各个公司的公司介绍、职位需求、薪资待遇、用人要求发布出来，供广大毕业生挑选。如果有你感兴趣的公司，就可以直接将电子版简历发送到相应公司人力资源部门的邮箱，然后静待面试通知即可。若同学们没有看到自己感兴趣的职位，可以直接上网浏览相关公司的官网，寻找招聘信息。

3. 本校或高校联合举办的双选会。双选会，顾名思义是一个双向选择的过程，你可以尽可能多地去了解到会企业，多与各公司人力资源主管交流、询问，以找到自己感兴趣的公司与岗位。对于不少以后有意愿留在学校所在地的同学们，本校举行的双选会或高校联合举办的招聘会是不可错过的。因为参加校园现场招聘会的企业大多数为本地企业，这有利于控制公司招聘成本，同时也更方便相关人才与用人单位的对接。以四川外国语大学为例，学校每年举办的双选会，一般情况下用人需求会以语言类、行政类和教育类职位为主，而在川外与外校联合举办的规模较大的双选会上，则有更多种类的专业岗位可供选择。

4. 社会招聘会。也就是与"校招"所对应的"社招"。对毕业生而言，社会招聘会能提供更多的选择机会，但有可能会更加看重相关的工作经历、实习经验等，并且招聘方与毕业生签订的合同多为由双方签订的劳动合同，而非通过校招签订的三方协议。一般应届毕业生直接赴社招找工作的概率较小。

三、简历制作

在搞清楚自己的兴趣点以及就业方向，并且对若干公司有所了解后，就到了重要的一步：简历制作。以下是编者从小旭同学的经验分享中总结出的简历制作的一些经验及小技巧。

1. 简历模板挑选。据小旭同学回忆，在他参加过的不少面试中，他都对别的同学投递的简历或多或少地进行过观察，绝大多数的简历都是整个版面以极简的白色为主，因此在一沓厚厚的简历中，如果求职者的简历中有一部分色调是深色调，比如深蓝色，将会使那份简历在简历堆中更加显眼，也更容易引起面试官的注意。因此小旭同学推荐在姓名、实践经历、教育背景等标题上，以深色背景突出显示文本（如图1-1）。

陈旭阳
求职意向：海外市场拓展专员（阿拉伯语）

图1-1

2. 简历信息撰写。一份成功的简历应该做到"麻雀虽小，五脏俱全"，应当出现的信息包括姓名、商务照、求职意向、联系方式、教育背景、实践经历、荣誉奖项等。制作简历时，求职者一定要站在面试官的角度去思考，去揣摩面试官最想直接从你的简历上看出什么，因此重要性不同的信息，应使用不同字号、粗细的字体以突出重点。建议将联系方式、求职意向等重要信息置于简历上方，让人可以一眼看到。有些同学学习成绩非常优秀，获得的荣誉众多，实践经历也很丰富，但是切忌把所有荣誉和经历一股脑儿都填写到简历上，简历上应该出现的是你挑选出的认为最能体现与申请职位相关的工作能力的信息。当然也有一些同学可能没有那么丰富的经历，也不用灰心，切勿觉得自己的小小成绩、奖项就不足为道，往往一些你认为不重要的经历、成绩在用人单位看来却很重要，因此同学们最好将简历填写到一个合适的状态，即呈现出来的信息丰富却不冗长多余。比如，在填写所获荣誉奖项一栏时，可选择4~6项荣誉或者奖项，起到突出个人能力的作用。而在实践经历方面，基本上可以按照大学期间的若干时间节点为序、每个节点简述2~3项经历来达到展示的目的。

3. 简历包装到位。如果将求职者信息一五一十进行展示的简历比作一个刚睡醒的素颜姑娘，那么包装后的简历则如同是妆容姣好、魅力四射的美女。这里所说的简历包装主要涉及遣词造句、格式排版等方面。用词尽量商务化、简洁化，切勿很随便地使用口语化字词。对于实际生活中并不起眼的一个成绩、一个职位或者一段经历，换一个"高级化"的表达方式将会使求职者显得更加专业。这种包装化的语言在你实在匮乏相关实践经历的情况下将起到很好的作用，因为人力资源主管很少会深究你这份实习或者工作的内容到底是什么，你的能力将会通过其他方式得到考察。如此用语的目的仅仅是让你显得更加专业，让人力资源主管更有兴趣去了解你的实际能力，而不是对你的简历过目即忘。在排版方面请务必保持字符行距的规整，切忌整个版面出现凌乱的情况。在简历制作上，这种看起来"死板"的格式、排版工作可能要花费一定时间和精力，但这些体现细节的东西却又是万万不能忽视的。一切都以给面试官留下最好的印象为目的。

4. 简历细节深究。简历不是做完大吉。面对不同公司、不同岗位的用人需求，你都需要在参加宣讲会或者面试前对自己的简历进行相应修改。一些细节问题请尽量注意，比如在电话号码的填写上，不用158××××××××这样的格式，而是选择让人力资源主管不会眼花的格式：158-××××-××××。邮箱地址最好不用QQ邮箱，而是注册一个网易邮箱账号，如163邮箱、126

邮箱等。邮箱地址可以使用你的英文名或者中文名的汉语拼音或者其缩写,这样可以让人力资源主管在收到邮件时更快了解到这封邮件的发件人是谁。在选取个人照片方面,请到专业照相馆拍摄求职商务照,而不要使用生活照或者美颜过度的照片。有些同学可能担心自己颜值不够高、不想在简历上放置照片,其实没有照片的简历会显得空洞,无法给人留下直观的第一印象,因此还是推荐在简历上放置商务照。在递交纸质版简历时,最好附上一个文件夹,而非仅仅将简历交给 HR。关于简历的电子版本,提交简历时请务必发送 PDF 格式,以防出现格式乱码等问题。

总而言之,简历制作上要深究细节,避免千篇一律的"僵尸型"简历,一份优秀的简历主要包括 3 个特征:有个性、信息全、随机应变。

四、面试经历

在面试方面,最好的积累经验方法就是多面试几场。面试次数越多,越有经验,越能发现自己在面试现场时的优点和不足。以下是小旭同学的 3 次具有代表性的面试经历,在此分享给大家,仅供参考。

公司 1:某客车公司。这是小旭同学人生中第一次面试,他说:"我能感受到自己的紧张,在面试官面前虽然保持着淡定的表现,但因为紧张脑子仿佛停止了运转,只会机械地回答问题。"当面试官让他用阿拉伯语进行自我介绍时,他连之前已经背诵好几遍的自我介绍都全忘了,迫不得已只能现场想到哪说哪。最后不出意外,该场面试不怎么成功。

经验:每个人初次面试时,多多少少都会感到紧张,这并不是一个特别大的问题。总结这次面试,小旭发现,像自我介绍这样的内容他并不能做到烂熟于心。建议各位求职者务必将自己本专业语言、英语的自我介绍、优点及缺点、对工作的期望等面试常见问题背诵到滚瓜烂熟,这样即使你内心十分紧张,也依然可以将准备的内容大体完整地说出来。

公司 2:某石油技术公司。该公司的面试是小旭所有面试中经历环节最为完整的一次。首先是网投简历,然后得到面试邀请。第二天一早,当他来到面试现场时,得知第一场面试是群体面试。之前他对群体面试及其难度有所耳闻,心里不由得忐忑起来。当参加面试的同学陆续到场以后,他发现自己是其中少数几位身着正装前来面试的学生。3 位人力资源主管到场后,给面试队伍分组,分发议题,介绍完规则后即开始群体面试。该次群体面试的议题大致是:面试者们作为某公司的顾问,需讨论一家新开酒店的选址问题,主要有两个地段,分别有它们各自的优缺点。小旭所在的一组 8 个人需要进行讨论,商议出最容易盈利的选址方案。商议过程总体平稳,虽然有出现过意见分歧的时候,但小旭在小组中的作用并不是说服别人选择某种方案,而是团结整个小组。他设法让大家明白:最重要的是我们要站在公司的立场去考虑问题,因此我们顾问之间的很多分歧是无意义的。最后的总结陈词环节是由小旭代表所在的小组来完成的。依靠前期对每位成员意见的总结笔记,小旭完成了总结陈词,最后总体表现合格,顺利进入了下一轮面试。面试中,面试官并没有提太多刁钻的问题,大多为询问他对公司的了解、对自己的长久规划、预期,以及对自己能力的评价,这些问题他早已准备所以并不觉得太难。旭阳的学习成绩并不是很优秀,人力资源主管询问了他的学业成绩方面的问题,小旭主要表达了对自己成绩不够优秀的遗憾与反思,以及今后会不断向公司前辈讨教、加强自我学习的态度。面试过程人力资源主管总体满意,叫他回去等待下一步通知。最后的结果是他得到了这份工作的录取通知。

经验:第一条经验是小旭没有想到的,大三时他曾参加过该公司的宣讲会,并在会后与人力资源主管私下进行了交流,人力资源主管还留下了他的联系方式,没想到一年后的面试中,这个主管竟然依旧对他有印象,这无形中增加了他的面试优势。因此建议大家在低年级的时候就可以去参加一些公司的宣讲会,甚至可以直接与人力资源主管进行交流,以便给对方留下印象,也借此获得了解该公司的机会。

第二条经验是,人力资源主管对他私下透露过,他身着正装面试给对方留下了较好的印象。因此,无论公司大小,面试时身着正装总是不会出错的,可以适当给自己加分。

第三条经验是关于群体面试的,很多同学对群体面试的印象是弱肉强食,竞争激烈,其实不然。当你有好的想法时一定不能怯懦,一定要当即举手发言,声音要洪亮清晰,发言要有逻辑层次,这会给面试官留下你是个专业且有条理的人的印象。但这并不代表你需要咄咄逼人,因为很多时候你是身处一个小组中,要站在公司利益的立场上思考问题,因此切勿搞错重点,将群体面试的重心放在打压同组的组员上,这样会给面试官留下你毫无团队意识的印象。

第四条经验是,当提及自己的优点时,一定不要过分谦虚,并且你需要向面试官展现你还可以做得更好的态度;而面对你的缺点时,小旭的建议是诚恳接受面试官对你的质疑,但更主要的是一定要拿出切实可行的改进方案以说服面试官,如你会尽快地去学习、克服你的缺点。若面试官询问你对自己的优缺点评价,一个小技巧是,优点尽量选择自己真正的优点,最好是能力上的一些优点,而不是大而空的性格上的优点;缺点尽量选择与这份工作无关的缺点,比如，自己太年轻，缺乏相关工作经验等，并且一定要在说完缺点后提出改进方案。这样的回答方式可能并不是最新颖的，但一定会是最稳妥的。

　　公司3：某上海国企。该公司也是小旭的最终选择。在参加宣讲会时，他就对该公司提及的福利待遇很感兴趣，在宣讲会中、宣讲会后也与该公司人力资源主管进行了沟通交流，随后他递交了简历。第二天他便接到了该公司面试官的电话面试，此轮电话面试主要是语言水平测试。因为并非现场面试，因此他将之前准备的一些面试官可能会提问的问题摆在面前，这样在遇到类似的问题时就可以直接"照本宣科"了。但面试官提的问题比较杂也比较多，着实让他花了点工夫深入思考以回答面试官的种种提问。电话面试主要是使用英语与阿拉伯语，主要内容涉及自我介绍、询问他对外派工作的态度、他的出国经历、他对出国的看法认识、他的兴趣爱好，等等。在通过了语言测试后，他收到了赴上海公司总部现场面试的邀请邮件。来到公司后，面试官便让他进行了一段中文译阿拉伯语和一段工程英语翻译。翻译时他只有一个想法：当初为何我没有好好学英语。翻译过后就到了与面试官面谈的环节。面试官详细询问了他对公司的了解、对外派工作的看法以及对薪资待遇的期望等问题，之后面试官和人力资源部经理进行了一番交流，小旭回忆说："我可以听出面试官老师对我的英语水平不满意，不由心里一紧。"果然在接下来的面试中人力资源部经理对他的英语水平提出了质疑，小旭尽可能地用诚恳的语气表现出他对自己英语水平欠缺的认识以及自己会采取的相关补救措施，而人力资源部经理也没有过分抓住他的这一不足不放。在将近两个小时的面试中，小旭的精神一直处于紧张状态，但可能因为已面试多场，他并没有表现得太过慌乱，而是一直从面试官的思考角度来决定自己的回答方式。结束面试后他有种良好的预感，而事实上他也很快收到了录取通知。

　　经验：此次面试的大多数技巧与经验在石油技术类公司的面试中小旭都有所运用，整个面试过程中他的心态还算稳定，并且在许多细节上都加以改进，比如，与面试官说话时眼睛直视对方，辅以一些肢体动作并面带微笑。回答问题时遣词造句思考得迅速且充分，并且一直保持着"揣摩面试官想法"的状态来回答问题，而非最初的不动大脑直接回答。保持谦虚态度但又充满自信。这份工作涉及长期外派，因此需要给面试官留下"能吃苦耐劳"的印象，他在言语上刻意突出了自己的体育成绩以及身体素质优良这一优点，同时惊喜地发现之前为了"凑简历"而加的一些体育方面的成绩，在这次面试上帮了大忙。面试官询问他是否单身时，他察觉到这和他是否能适应长期外派工作的艰苦、孤独有关，巧妙作答，因此跳过了一个雷区。总而言之，此次面试就是对他之前一些成功的面试经验进行的一次综合考核，精髓就是需要始终"站在公司以及面试官的角度思考问题"，这样就可以推测出一些问题的答案，而这其实也是在考察应聘者的应变能力。再加上一些前期训练的表情管理、话术，只要发挥稳定，面试成绩不会太差的。最后还有一点非常关键：英语水平。建议各位同学在学好本专业的同时，加强英语学习，尤其是一些相关证书的获得，如全国大学英语四、六级考试，英语专业四级、八级，剑桥商务英语中级以及高级证书等，几乎每个公司都十分重视应聘者的英语书面及口语水平。也许你专业水平非常优秀，但英语水平偏低，那你依然可能会被无情淘汰。

五、结语

这就是小旭同学从前期就业规划、就业准备再到最后的面试实战的总结。小旭这样说道："论成绩与资历，我真的是太普通太平常了，比我优秀的人有很多。"但纵观他的整个择业就业过程，我们可以发现并不是资历平平的人就一定找不到自己满意的工作。有人说面试考验的是你的表演功力，笔者表示赞同，因为择业就业过程就是一个发掘自我、包装自我、展示自我的过程。如何展示真正的自己乃至更加优秀的自己是需要不断思考并打磨的，只要能抓住面试的精髓——"站在公司以及面试官的角度去思考问题"，笔者相信每位同学都可以在毕业季找到自己心仪的工作，给自己的大学生涯画上一个圆满的句号。

【亮点点评】

小旭之所以会被录用主要有以下几点原因：

1. 从小旭同学如此详尽的分享中，我们可以看得出他是一个非常有想法的同学，面对当今社会如此激烈的就业形势，小旭首先摆正了心态，端正了态度，并身体力行地进行了相关就业前准备工作，这一点在现在的应届毕业生中是非常难能可贵的。特别是其中他提到的一个细节，大三的时候他曾参加过某企业的宣讲会，并与企业人力资源主管进行过交流，从而助力了他某一次面试的成功，虽然最终小旭并未选择这家公司，但足以见做好职业规划的重要性。

2. 小旭同学对于各类就业平台的利用是非常充分的，他懂得整合校内校外资源、线上线下资源为自己所用，并经过自己的实际经历为我们分析了每类就业信息渠道的优缺点，为大家提供了最多的选择。互联网是一把双刃剑，我们在享受每天大量的信息资讯的同时，也要加强自己的甄别能力。就业季，尤其要学会甄别那些真正对自己有用的招聘信息。

3. 小旭同学为大家分享的相关就业简历制作的经验与技巧堪称求职简历制作的范本，足见他为此所花费的精力和心血之多。一份优秀的简历是一份好工作的敲门砖，在人力资源主管未见到你本人之前，你的简历就是你的门面。相信小旭同学的经历足够优秀，才足以让他屡次获得各大公司的面试机会。

4. 小旭同学为我们分享了他的3段具有代表性的面试经历，3次面试的公司类型不同，面试方式也不尽相同。每次面试过后，不管成功与否，他都在总结面试经验，如基本信息需熟记于心、着正装等，可见小旭同学懂得只有不断总结才会有新的突破，而正是他的不断总结和不断历练才成就了他，使他最终被心仪的企业录用。

向内认知，向外行走

以下是笔者梳理的小白同学大学这四年的感悟和体会，在此分享给大家。

四年的时间里，他经历了许多事情，结识，也疏远了许多人，明白了各种人情世故，得失皆有，并由此逐渐走向成熟。

四年的时间里，他将勇敢、学习、立己、达人作为自己的准则，渐渐明白，生活就是一句话：向内认知，向外行走。

小白喜欢将大学时光比作一场"荒岛求生"游戏。作为玩家，游戏开始时，他一无所有，而他要在"川外"这个小岛上收集各种资源，让自己生存到最后。

一、勇敢地迈出第一步

2015年9月，刚刚踏入四川外国语大学的校门，小白同学便做出了大学的第一次尝试，参选学校开学典礼的新生发言代表。经过认真的准备（个人简历和文章合辑）和严格的筛选，他最终有幸登上观礼台代表2015级全体新生发言，这个过程中他提交了人生中的第一份简历。

2018年9月，他再次坐在军训典礼观礼台的位置上，却是以陪同翻译的身份，为阿尔及利亚特莱姆森大学纳西玛教授介绍军训演练。陪同翻译是他在大四迈出的第一步，也是他第一次正式的口译。

时隔三年，同一个地方，同样紧张的心情，不同的身份，不变的是要勇敢地迈出第一步。

小白在"川外"的小岛上继续寻找着适合自己的武器和道具，于是他迈出了第二步。

因为在高考报名填报志愿的时候，他的志愿只填写了两类：语言类和新闻传播类。所以，在"百团大战"中，他毫不犹豫地报名参加了当时的川外学生通讯社，也就是现在的校党委宣传部新闻中心通讯社，投出了自己的第二份简历。

在通讯社忙碌的两年多时间里，虽然辛苦但倍感快乐。

两年多的时间里,他采写和编辑了近百篇新闻,小到川外北外厨艺交流、实践周活动的校园小事,大到前中宣部副部长现福建省政协主席崔玉英来访川外、川外更名后的第一次党代会;与此同时他撰写了几十篇人物通讯,采访过商界翘楚、军中栋梁、川外领导、捐献遗体的老教授,也采访过毕业生、学校职工等;他们还成功办起了第一届"感动校园十大人物颁奖典礼",为身患白血病的阿拉伯语专业董文青学长募集善款。

社团里的历练教会了他最重要的两样东西——责任和友情。这种责任感来自于自己担当的职责,要求他要立己达人;同时他还深受所采访过的人的鼓舞,在与他们的交谈过程中,去感受到不同的人格魅力。

在社团中他发现了最真挚的友情,他们志同道合。这些朋友是他身处困难和桎梏时的向导,是他骄傲和心浮气躁时的压舱石,他心底里感谢朋友们一直以来对他的包容、理解和陪伴。

通讯社为他提供了一个广阔平台,让他有机会认识到重庆各大高校的校报记者和重庆日报、新华社、人民网、华龙网、重庆晚报的记者,并有机会发表文章,进行实习。

二、认清自己,弥补不足

可是与在新闻领域取得的亮丽成绩相比,在专业课学习上,小白受到了挂科的困扰。

小白曾这样慨叹道:"我想,人这辈子最难的事情,便是真正地认清自己。"大一刚挂科的时候,他并没有太多的危机感,只是觉得这不过是一次考试而已。然而现实比想象中更残酷,不扎实的专业基础使他在平衡时间上出现了严重的问题,继而产生了严重的厌学情绪,甚至一度想要转专业或者降级,他的自信心也随之不断地受到打击。

在知心辅导员包淑萍老师、党总支书记曾珍老师和多位专业课老师的引导下,他一点点地认识到了自己的短板,开始弥补。

弥补不牢固的专业基础其实更像是在审视自己的内心。要不断努力地攻下敌人的寨子,来让自己取得胜利,所以这一段时间是他感到最疲倦的时期。

小白在弥补短板一段时间后,便开始维护自己的营地,并且希望攻克更大的城池。

于是,小白开始着手进行英语-阿拉伯语的翻译。第一次完成兼职公司交给他的翻译任务时小白内心十分紧张,5小句话的翻译他用了快1个小时,在确认提交翻译终稿的时候,他的双手在颤抖。

之后的日子里，他一直和广州、安徽、上海等地的多家翻译公司保持着合作关系，翻译量至今已有百万字，涉及经贸、旅游文化和政治合作等领域。此外，他还承接了亚洲文明大会的广州亚洲美食节阿拉伯语外译工作，在一次次翻译中他逐渐增强了自己的专业能力。

2018年初，他前往摩洛哥进行短期的文化教育交流，在最地道的环境中，领略阿拉伯国家的独特韵味，这一段经历更激发了他对专业学习的兴趣。

小白真正将专业应用到实际工作，是在2018年的暑假的实习工作中，上班时他努力创造价值，下班时他努力提升自己的价值。在工作中，小白学会身份的转换，开阔视野，努力去学习和接受新的知识。

三、拓展自己的才能

小白在给学弟学妹的寄语中这样写道："四年的象牙塔时光已经接近尾声，回望这一路，收获与感动并存。如果你问我大学这四年里，川外给了我什么让我记忆最为深刻，我也许会回答，川外给了我去触摸世界的可能。"

这四年里，小白在东方语学院团总支学生会担任学习部副部长，负责学院的各项学术活动和新闻报道工作。

他还成为了一名艺术活动的导演，他曾担当四川外国语大学2017外语晚会、东方语学院2017年元旦晚会暨毕业晚会总导演，四川外国语大学第一届感动校园十大人物颁奖典礼后台导演，重庆市沙坪坝区童家桥街道文艺晚会总导演，重庆市卡秋莎合唱团庆典执行导演。作为导演，他充分调动舞台美术背景、灯光、音乐、舞台效果、服道化等艺术手段来包装晚会，将文艺盛宴和欢乐带给每一位观众。

2017年暑假，小白有幸进入重庆市一家银行实行，成为一名零售客户经理助理。其间，他还积极参加学校的各项志愿者服务活动，在教育部外指委阿拉伯语分委会2017年全国年会中圆满完成学院交付给他的任务。

最后，小白说他最想感谢的是川外大家庭，是川外给予了他扎实的专业基础和卓越的沟通交流才能，以及价值和情怀，让他在求职中游刃有余，让他有勇气面对前方的未知。今后，他将秉持川外的精神，在今后的职业生涯中交出自己的答卷。

【亮点点评】

1. 小白同学将读大学比作"荒岛求生"游戏，乍一看有点荒唐，但细想又顿感风趣幽默。此篇分享更像是他对自己大学四年时光的一个总结，有成绩也有不足，而这些和他最终大四毕业能获得一份不错的工作机会是息息相关的。

2. 小白同学两次提到自己在就业前就曾送出去两次简历，而且都双双中选，他的简历制作功底可见一斑（文中未提及，他还曾获得四川外国语大学首届简历制作大赛一等奖），同时我们也可以看到个人简历对一个人机会的获得是至关重要的。

3. 小白同学的勇敢使他迈出了人生中的重要一步，参选发言代表、竞聘校通讯社、寻找假期实习机会，等等，他已经逐渐将"勇敢"二字内化于心，外化于行。自然而然，他在求职的过程中也一直勇往向前，不惧怕才能抓住机会。

4. 小白同学对自己的认识是非常辩证的，他明白自己的优点，也深知自己的短板。这一点在求职中特别重要，一定要扬长避短，同时加强学习，提升自己的专业能力，学习永远在路上。

5. "川外给了我去触摸世界的可能"，多么暖心的一句话。小白同学是带着一种情怀完成了自己大学四年的学业，四年的时光稍纵即逝，他却对川外有了依恋。其实步入职场后，你的公司、你的工作就是你的"川外"，他们同样会给你无数种触摸世界的可能，关键看你是不是仍保持着最初的赤子之心。

愿所有的坎坷曲折终成美丽

小丽是四川外国语大学2019届阿拉伯语专业的一名毕业生。以下是笔者对她毕业季求职以来心路历程的梳理，其中也包含了她对自己大学四年在校学习、生活、实践中所思所感的总结。

小丽是个幽默的人，回想起求职的这段历程，她更愿意把它比作一场艰苦的战役，征战的一方是她，另一方则是各种不同的企业单位以及他们设置的形形色色的招聘关卡，双方交战则是在笔试、面试过程中的斗智斗勇。

大三第一学期的"大学生职业生涯发展规划与就业指导课"上，经过多方的了解以及深思熟虑，小丽就已经做好了未来职业规划：选择毕业后直接就业。目睹毕业年级的学长学姐们穿梭在各个楼栋，奔走于一场一场的宣讲会时，她也不断地问自己：到底什么样的工作适合我？我未来要找一份什么样的工作？我应该做什么样的准备？虽然满怀想法，但是小丽却依然很茫然，她开始去找辅导员、专业老师了解就业政策，向学长、学姐请教面试经验，和同学朋友们交流谈心。

转眼就到了大四前的暑假，小丽迫切地想去体验一下真正的职场，心想或许只有自己亲自去试过才知道真正想要的是什么。在学校举办的暑期实习双选会上，她选择了几家自己比较感兴趣的企业并第一次投出了简历，这些企业分属不同领域、不同行业，最终她获得了重庆本地一家培训学校实习的机会，就这样开始了她的暑期实习之旅。

实习期间，她被分配到的具体工作内容与所学的阿拉伯语专业毫不相干。闲暇时间，她经常回想起大学这三年的生活：大一刚进校时面对这门完全陌生又难学的语言，深知为了学好它必须付出加倍的努力，于是每天穿梭于寝室、教室、食堂，过着和高中一样"三点一线"的生活。如果在今后的工作中使用不到阿拉伯语的话，她有点不甘心，也不愿意就这样放弃自己努力三年所学的东西。加之她实习的这家公司规模比较小，平台确实有限，从这时起，她的想法逐渐发生了改变，她的就业目标逐渐明晰：要找一份与自己专业相关的工作，要向未来发展空间更大的公司企业发起冲击。

时不待人，8月，秋招的号角已经吹响，许多公司已经可以网上申报了。实习工作之余，小丽密切关注着与阿拉伯语相关的企业和大公司的招聘信息。最开始因为没有经验，就广撒网盲投，因此结果总是不尽人意。投出的简历全都石沉大海，她自己也感到十分丧气。

转眼间，来到大四的第一个学期，9月，开始有企业来学校进行宣讲招聘了，小丽的求职之战正式打响。收起丧气，调整好心态，根据各大企业公司提供的岗位和所需要的条件和能力，她着手准备简历。此时的她和去年的学长学姐一样，穿梭在各大企业宣讲会现场，投递简历，经历笔试，然后就是耐心地等待面试通知。

小丽收到的第一个面试通知来自华为公司，她申请的岗位是办公室文秘。在去面试的路上，她不停地深呼吸，一遍一遍地告诉自己不要紧张。面试候场的时间更加令人难熬，已经面试完毕和还未面试的同学们的一举一动都使她更加慌乱，她一遍一遍地给自己做心理暗示。第一轮是群面，终于等到她面试时，才知道这一组有14个人，进场的那一刻她就只是在想"我不要怯场"，表现不尽如人意，当然结果也在预料之中，她被刷掉了。

虽然心里早有准备，但是得知面试结果时，小丽还是很失落，开始有些怀疑自己对自己的定位是不是不够准确。回到学校之后，她努力回忆了本次面试过程中的种种细节，开始思考并进行总结。因为以前从来没有真正经历过群面，所以这次面试于她而言是一次很好的历练，也让她了解到更多群面相关的知识以及自己应该做哪些准备，这些东西都需要靠自己提前做功课来获得。

10月到来，到学校招聘的企业也越来越多，小丽每次都会去尝试，因为她一直坚信只要有机会，她就不能放弃，如果机会在面前，但自己不去尝试，那就真的一点可能都没有了。除了关注来学校进行宣讲并招聘的企业公司发布的职位需求，她还留意了西南大学、重庆大学、重庆邮电大学等几所高校的就业信息网发布的相关招聘信息，只要看到有招聘阿拉伯语相关职位的企业，她都去投简历，奋力一试。因为到重庆大学招聘的企业众多，她就经常跑去重大，一个月时间里，她几乎每天都往返于重大和川外之间，周末时整天整天地待在重大寻找合适的企业面试机会，那时她感觉自己心里憋着一股劲，然而结果并不乐观。那段时间她时常能感受到内心的痛苦，并且心里一直在想每天这样跑到底值不值得。第一次，她想要找一份专业对口的工作、第一份工作一定要去大平台的想法开始在她心里动摇。

后来，一家空调公司来到学校宣讲，招聘的职位是海外阿拉伯语销售。尽管此时小丽身心都很疲惫，但她仍告诉自己还是要再去试一次，去参加宣讲会，去投递简历，去做笔试题。之后，志高公司通知她去重庆大学参加面试，小丽的内心重新燃起了希望之火。一面依然是群面，一面结束后她心里就有预感要过，结果真的过了，她知道之前失败后总结的经验终于起作用了。接下来就是等待终面，在这过程中她把提前准备的一些问题拿出来一次一次温习，想一想还有没有没考虑到的方面，她自我感觉最后能通过的概率还是挺大的。当她面试的时候被告知面试她的是一个技术部的部长，而不是人力资源主管，当时她心里就咯噔一下，闪过一丝慌乱，但是她很快调整了心态，积极面试。果然，当她被问到技术类问题时，心态有一点点崩了，因为她从来没有去了解过，只能真诚地跟面试官说她平时对于面试官所提到的相关内容涉猎不多，同时也表达了自己入职以后可以加强学习的决心。面试很快就结束了，小丽的心凉了一半，回到学校后小丽突然觉得好累，找工作好累，真的太不容易了。

又一次，小丽的内心开始焦急，最初的想法开始动摇，觉得找和专业相关的工作希望不是很大了，同时内心又迫切想将工作尽早确定下来，于是小丽开始寻找其他的一些和专业关联不大的职位。在这期间，她面试了一家教育机构，并很快收到了他们的录取通知，面试后的第二天公司就让她去签订三方协议。收到录取邮件后，小丽心里异常矛盾，她把自己纠结的内心告诉了父母，老师和朋友们，他们帮她分析了接受这份工作后的诸多可能性。那天晚上，小丽一个人在操场待到宿舍要关门了才回去，躺在床上辗转难眠。第二天一早她还是决定去试一试，带着三方协议出了门，可直到自己站在了公司门口时她突然有点不敢进去了，好像突然明确了自己的奋斗方向。她委婉地跟那边的老师表达了自己的想法，然后又把三方协议带了回来，当时觉得自己有些滑稽，有点像是"落荒而逃"。后来想想，这就好像是自己在求职战役中所经过的一个迷魂阵吧。

不久后，一家置业公司进校招聘，小丽参加了他们公司的雇主品牌发布会，投递了简历，很顺利进入了面试环节。面试共分5轮，当时她心里就想一关一关过，关关难过关关过，在学校进行的3轮面试她都通过了，第四轮面试是整个重庆市所有高校前三轮通过的同学一起面试。经过之前几场面试的锻炼，她明显感觉到自己的心理素质变好了，只是想要尽己所能一关一关地闯，正如打仗一样，一步一步攻陷敌人的阵营。遗憾的是，她在第四轮面试中惜败。

兜兜转转一大圈，秋招基本结束了，小丽的工作却没有任何着落，她心里开始想："我当初拒绝教育机构的录用到底对不对？"小丽的内心一直很煎熬，同时也感到很愧疚，尤其是对父母的愧疚。小丽是一个来自贫困家庭的孩子，父母的文化程度都不高，家里还有一个年幼的妹妹，妈妈一直在家务农，为了生计，爸爸去了外地工地打零工，干的都是纯体力活。今年由于年龄原因，爸爸也失业回家务农了，家中经济负担很重。几年前因为爷爷患重病已经把家中多年积蓄都用光了，现在爸爸又没有了工作，家中没有了经济来源。小丽心里清楚全家的希望都寄托在她身上了，她的心理压力真的很大，但父母从来没有给过她压力。上大学以来父母一直跟她讲，让她不要担心家里的情况，做她喜欢的就好。每次跟父母视频通话时，她都尽量掩饰自己的焦虑，但父母还是看得出来她的不安，尽力安慰她。小丽爸爸虽然读书不多，但是个很明事理的人，他安慰小丽，让她沉下心来，暂时不去想找工作的事情，好好充实一下自己，以迎接未来的挑战。慢慢地，小丽迫切想找到工作的心思就停下了，想到开春年后还有春招，小丽决定按照爸爸的话先努力充实自己，来年再战。

  小丽回忆说，她仍清楚地记得那一天，辅导员包老师在年级群里转发了中石油管道局的招聘信息，她内心挣扎了很久：要不要去试一试？那天下午她有一节课，而宣讲会就在下课之后，宣讲地点也就在教室旁边，她还是遵循内心，想去听一听，不管多难都想去试一试，反正已经经历那么多次失败了，再多的挫折也不怕了。抱着这种心态，她步入了宣讲会场，宣讲的人力资源主管全程都使用英语介绍单位情况，顿时让她觉得这个公司好厉害，与自己所学的专业也对口，她就想着不管能不能成功，一定要去试一试。可能因为她心态放得很平，并且之前也积累了许多经验，那天的面试气氛很放松，她跟面试官的对答也很自如，她把自己想知道的问清楚了，想表达的内容都一一向面试官陈述清楚了。当时小丽并没在意，过了大半个月，一天早上她突然接到一个河北廊坊的陌生电话，对方告诉她，她被录用了，准备安排她去接手海外财务的工作。听到录用消息的小丽好像并没有预料中的那种兴奋感，脑海中浮现的却是海外财务岗的种种和想象中自己忙碌的身影。是的，小丽找到心仪的工作啦！以后的日子里，她要开始学习财务方面的知识，还要努力提高自己的外语水平，努力尽快适应自己的工作岗位。

  小丽的求职之旅很漫长，漫长到她开始有点失去耐心，同时心境也发生了变化。小丽说，在这征战之路中首先她要感谢自己的父母，他们非常理解她和支持她，用父母的话说，"虽然我们帮不了你什么忙，但是不管怎样，我们都是你最强大的后盾，万事有我们，你放心大胆去做你想做的事情"。都说孩子是天使，父母是孩子自己选择的，小丽很庆幸选择了她的爸爸妈妈。其次，她要感谢国家、政府及学校对贫困学生的关爱，关心他们的成长，为他们提供福利，尽可能减轻他们的家庭经济负担。第三，她要感谢她的辅导员包淑萍老师，四年来对她关心爱护有加，特别是在她的这段求职之旅中给予她思想上的启迪，每次有什么事情她都会去麻烦辅导员，包老师都会耐心地开解她，每次面试包老师都会特别暖心地对她说："加油！"小丽说她还要感谢曾珍书记、高振东老师、钱雪珉老师和辅导员李静娴老师，还有东方语学院阿拉伯语专业的老师们，他们都是她人生路上不可多得的"贵人"，帮了她很多，也给了她很多有益的建议，这些老师们都在默默地关心着她的情况。她还要感谢她的同学朋友们，他们一直鼓励着她，一路陪伴着她。最后，她还要感谢那个敢于迈开步子、去不断尝试的自己，感谢那个一直不愿意妥协、放弃的自己，感谢那个在一次次失败后，总结经验教训积极为下一次面试做准备的自己。小丽始终相信，命运掌握在自己手中，只要自己勇敢去争取，勇敢去做，万事皆有可能。

现在，小丽即将开启人生新的篇章，希望千帆过尽，她依旧勇敢。

【亮点点评】

1. 小丽同学利用大三年级开设的"大学生职业生涯发展规划与就业指导课"，加上自己的深思熟虑（如小丽提到的自己家的经济状况等），明晰了自己未来的职业规划：选择毕业后直接就业。步入大三是大学学习阶段的一个分界点，由于未来选择道路不同，选择考研深造的同学会在学术上更努力，而选择毕业后直接就业的同学则应该精进自己的实战能力，这是一个二选一的命题，简单却不易选，因此建议同学们一定要提前做好自己的职业规划。

2. 小丽同学在明晰自己未来职业规划之后，进而选择了利用暑期时间实习的方式确定自己的具体就业目标，这一点值得我们借鉴。常言道：实践出真知。只有充分实践，才能获得确切的感知和感受。

3. 小丽在面试完第一家公司后，做到了面试结束后的注意事项中的尽量把所参加面试的细节记下来这一点。这不仅养成了一种好习惯，而且也帮助小丽揭开了"群面"这种面试方式的神秘面纱，让她为之后的"群面"做足了功课。

4. 虽然一连遭受几场面试的失败，但小丽同学并没有坐以待毙，一方面继续收集其他的招聘信息，另一方面也在继续锻炼"内功"，打磨心性，积蓄力量。正如她在开篇提到的，求职好比打一场艰苦的战，她深知求职之路的辛苦与不易，因此早就做好了"艰苦奋斗"的准备。

5. 小丽在文章篇末最后感谢了很多人，包括自己的父母、老师、朋友等，这些人都在不同阶段、不同程度上给予了她方方面面的帮助，"没有人是一座孤岛"，求职路上拼搏的同学们一定要向小丽这样有效利用身边的资源：人脉资源、信息资源、感情依托，等等。求职季，也是特殊期，求职的你们同样也是大家重点关注的对象。

面对选择，我们都曾迷茫

小刁同学是来自四川外国语大学 2019 届的一名毕业生。她自认为自己不是一个擅长写文章的人，也讲不出什么大道理，但是以下对她就业以来的心路历程的梳理还是包含了很多闪光点，值得广大求职者借鉴学习。

一、只有不断体验，才能明白自己想要什么

大三时，小刁总是会晃荡在教学楼各个地方，看着学长学姐们谈笑风生，自己总是很好奇：毕业究竟意味着什么？她是一个性格极为外向且大大咧咧的人，当她发现自己身陷迷茫的时候，顿时格外惊慌，于是她开始疯狂地找工作、找实习机会、找兼职，她怕极了，害怕自己毕业后就失业了，也害怕自己荣登"啃老族"一员。小刁去了一家大型服装连锁企业兼职，拿到第一笔薪水的时候，她开始思考：我是不是可以胜任这份工作？我是否愿意做这样一份工作？这家企业的晋升模式很简单——业务能力（不是指销售能力，而是指工作时需要具备的职业素养）与业务知识水平考核，如果想在这家企业继续发展的话，大学毕业后就可以成为副店长级别。薪资和待遇让她心动，她一度处在犹豫纠结中。暑假的时候，她偶然得到了到政府做文秘工作的实习机会，工作日在政府上班，周末回到服装店继续兼职，一份工作稳定安逸，一份工作热血澎湃，一段时间下来，她终于想清楚了自己想要的是什么，她清楚地明白自己不喜欢每天在办公室里消磨日子的时光，在办公室里的每一刻她都如坐针毡，但是她也很清楚她也不喜欢纯粹的没有一点技巧的机械工作。所以，暑假结束后小刁辞掉了这两份工作，一头扎入了秋招大军。

穿上正装的那一刻，小刁是恍惚的，原来自己快要毕业了。小刁的第一份简历投给了华为公司，网申、宣讲、笔试，原本信心满满的自己，却因为一个致命的失误导致首战失利。网申时她填了海外销售岗，宣讲的时候却又投递了文秘岗，两个岗位的填报冲突使她错失了这次机会。现在她还能回想起当时的那种心情，华为公布一面面试名单的那天晚上，同学激动地给她发消息："我收到华为的一面通知了，你呢？你呢？""真的吗？太好了，恭喜你，我还没收

到呢。"她心里很期待，想着她待会儿应该也会收到吧。"嗯嗯，应该是，毕竟人太多了，再等等吧。"同学安慰道。"我想起来了！我网申和现场填的岗位不一样……"忽然想到自己办的糊涂事，小刁很懊恼也很沮丧，甚至连第二天上课整个人都是恍惚的。看着请假去面试的同学的空位置，想象着自己也穿着正装在面试现场和面试官斗智斗勇，那一刻她真的懊恼不已。

没办法，她只得再次加入"秋招"大军，告诉自己要更细致、更勇敢。在第一次参加群面时，小刁明明心里很虚，还是强装镇定告诉自己：我可以；在第一次外语面试时，她通宵把自己的草稿背了无数遍；在第一次终面时，她把公司网站一字不漏地看了个遍。最后，在不断克服缺点、不断地折磨自己之后，小刁终于拿到了心仪公司的录取通知，也把那个大大咧咧、马马虎虎的小刁打磨得仔细和细致起来了。

二、有些体验，只是为了让自己成长

拿到录取通知之后，小刁的小姨给她推荐了她们公司：一家互联网公司。小刁也不知道自己哪儿来的勇气，一个连计算机基本操作都只能说得上是勉强及格的人，竟然就只凭着自己的一腔热血就去了。现在想起来，她也想对自己竖一个大拇指，更想对当时义无反顾的自己说一句"你真棒"！人生本来就需要不断尝试。她记得"滴滴"公司的初面也是群面，拿到十多页写满数据的材料的那一刻，她真的欲哭无泪。在心里默默地对自己说了句："不管了，反正也就是丢脸而已，上吧！"凭着那股傻劲儿和冲劲儿，没想到小刁竟然博得了初面面试官的青睐。"滴滴"的面试战线拉得很长，整个面试持续了将近一个月，最后办理入职手续又花了将近一个月的时间，有一段时间她甚至觉得自己的领导就是在骗自己，自己根本没通过他的最终审核。不过，最后坐到了办公位上的小刁，终于还是踏实了下来。

作为一个数据分析师被招聘进公司，小刁的数据分析能力基本为零，SQL语言也基本不懂，只会基本的办公技能。小刁十分好奇，究竟是她的什么特质吸引了领导？某一次下午茶时间里，她问出了心里的疑惑，小刁的领导是一个极为温和的人，这也是小刁非常庆幸的地方，领导语重心长地告诉她："你身上打动我的是你的坚持和你的抗压能力，还记得你面试时我问你的那些问题吗？当时，你的回答确实不是最好的，但是你回答时给我的感觉是所有我面试的人中最好的，以及你后来的工作表现也让我知道我没有看错。"所以，坚持付出是真的会有回报的。

三、迷茫并不意味着失去方向

前两个月，有学妹来问小刁："学姐，我究竟是该考研还是该就业？我好迷茫！"

其实迷茫是每个人都会有的感受，在秋招刚刚开始的时候，小刁也很迷茫，只是她的迷茫在于她不知道自己有没有能力去找到一份自己满意的工作，她迷茫的是她的工作方向究竟该是什么。她还没找到答案，秋招就已经开始了，于是她带着迷茫奔赴了战场，在不断的尝试中，她慢慢地明白了自己需要的是什么。也许，现在的你真的很迷茫、很焦虑，但是，时间是不会暂停的，它会一直向前，所以你的迷茫会随着时间一起慢慢地稀释，你会慢慢地看清自己想要的究竟是什么。小刁一直相信，很少有人从某一件事的开端就明白自己要什么，毕竟我们都是普通人，所以面对迷茫，不要担心，不要害怕，调整好自己的心态，慢慢地就会看清脚下的路了。以下是小刁总结的一些面试小经验，希望可以帮到求职者们：

1. 准备好一套或两套面试时穿的衣服，一套是黑白色系的正装，另一套可以稍微偏休闲；

2. 提前准备好证件照以及你的个人简历；

3. 有目的地听宣讲会，听宣讲会前要做好准备工作，充分了解这家公司；

4. 笔试要靠自己的努力；

5. 面试时，不要紧张，面试官可能会提一些比较棘手的问题，但是这些都不是为了考查你答得究竟有多么完美，多么接近标准答案，这些问题都是没有标准答案的，面试官只是想看看你的临时应变能力和你的抗压能力；

6. 最后，一定要好好了解你打算面试的公司以及你面试的岗位需要的技能，尽可能地在面试过程中有技巧地向面试官表现出你所具备的与该岗位匹配的能力。

【亮点点评】

1. 小刁同学是一个行动力极强的人。因为不清楚自己想要的是什么，不清楚自己的就业定位，所以她很快找了兼职与实习，并积极投身工作实践中，并从工作体验中明白了自己想要的是什么。"实践出真知"，在不清楚不明白自己的心意时，去付诸实践，并从实践中斩获新知，这一法则在任何时候都是奏效的。

2. 小刁同学因自己的粗心大意，初次投递简历时，网申和现场宣讲会分别填了两个完全不同的岗位，从而导致她未收到华为公司的面试通知，错失良机。可以看出，小刁一开始对自己的职业定位根本没有明确，自然在华为公司看来，他们根本不会考虑这样一个对自己目标都不笃定的人。毕业生在求职中尤其要注意这一点，一定要笃定一个目标而奋斗，广撒网必然分精力，到头来落得一场空。

3. 求职过程中遇到的情况千变万化，求职者一定要以不变应万变，不变的就是自己的初心和毅力。小刁同学经过了多轮厮杀，最后杀出重围，拿到了自己心仪公司的录取通知，而在最后签约"滴滴"公司前的一段漫长时间里，她也学会了让自己沉淀，明白了等待的意义。

4. 从小刁同学与面试官的一番话中，我们洞悉到：面试时，面试官会提出一些比较棘手的问题，主要目的是想看看你的临时应变能力以及你的抗压能力，而不是想听到什么完美无瑕的答案。这一点对还未正式开启求职之路的同学们来说非常重要，因为你必须以此为准绳，来准备你的面试答题策略。

5. 小刁同学告诉我们：迷茫并不意味着失去方向，这无疑是对求职路上众多求职者的一剂强心针。求职几乎是每个人人生中的必经阶段，所以保有坚定的信念，锻造强大的内心是获得一份满意工作的重要前提。

毕业求职经验谈

身处这个急于求成的时代,小贺从大四一开始就急急忙忙地扑向社会寻找工作。

由于行动得够早,大四的第一个月,她就十分幸运地找到一份工作。过了几天,她又在花花世界看花了眼,于是一边心理暗示自己也许能找到更好的工作,一边编了理由拒绝了之前那家公司……

小贺又投入求职的洪流中,也见识了各种大企业开宣讲会时人山人海的场面。学生们当中流传着对于各大企业职员薪金的猜测。大型的企业自然是大手笔,宣讲会开得气势磅礴;一般的企业虽不想放过宣讲,可也没见招到多少人,因为打广告的嫌疑太重。不管是大企业还是小企业,都有一副所有的学生都巴不得挤进他们门槛的自信。

小贺面试了很多家公司,成功了一些,也失败了一些。过了这么久,让小贺记忆犹新的还是优衣库招店长的面试。不得不说,这场招聘给她的印象太深刻了。当时她并不太了解自己是否合适干这一行,只是记得当时给出的招聘要求低,待遇却够好,而且由于学日语的关系,她对这个企业的发展史有一点了解,所以颇有好感。虽然对销售行业完全不了解,可是她还是跟同学一起投了简历。临到面试的时候,她却因为急性肠道炎进了医院,不得不放弃。可是后来小贺居然发现优衣库同时委托了几家人才公司进行招聘,分批面试。于是,她又重新得到了面试机会。一开始,她认为自己跟优衣库是有一点缘分的。一面的时候优衣库公司的人没有来,面试比较简单,她愉快地进入了二面。二面时面试官是日本人,再加上此前听说这一轮会筛掉很多人,紧张感一下子就出来了。面试结束走出面试室的时候,她的眼前仿佛一片电光闪花,都看不清楚人了。听说这次面试的应聘者常常是一整组一整组(6个人)地被筛掉,当时她觉得自己表现得并不太理想,于是她以为自己没希望了。出乎意料的是,她顺利进入了第三面——几百个人中只剩下20多个人。于是小贺又坚信,自己和优衣库是有缘分的,因此她非常珍惜这次机会,于是到处去搜集资料,了解这个企业各个方面的情况和在自己所属这个片区的经营状况。三面是在非常轻松的谈话中展现自我，这时候她突然意识到自己对这个行业从来没有过兴趣。小贺和优衣库的缘分也就止步于此。

优衣库的3次面试历时1个多月，这段时间小贺一直处在一种迷茫当中，处于过度自信又从未思考自己是否真的适合做这个行业的状态中。虽然后来明白其实自己真的不适合这份职业，而且面试失败的原因也不是自己的能力问题，可是小贺为此还是着实地难过了一阵。现在想来她应该感谢当时没有通过面试，因为在后来的实习中，她知道了自己能干什么，自己能把一件工作做到什么程度。她想，当时就算进了优衣库，迟早也都会因为适应不了而放弃。

有一个倍受青睐的职业是公务员。需要参加市考、省考、国考、选调考等各种考试。小贺的一个朋友，逢公务员招聘必考，起起落落，在国考中还考过所考职位的第一名，那一次那个朋友还花了大价钱学习面试技巧，最后还是因为某方面能力的不足，面试没过。不过现在那位朋友终于还是修成正果，即将成为重庆的一名公务员了！虽然小贺自身对于考公务员这条路并不太感兴趣，但是还是在这方面尝试了一下，这次经历对她还是有一些益处。那是一次市考，她本以为不会有省考那么热闹，结果到了现场一看，人山人海！市考题目不难，只是题量大，因为小贺没抱什么希望，所以答题时间快到了也很淡定，不慌不忙地把剩下的空涂完了。虽然考前完全没有准备她申论题目，但是考得还是没有想象中的差。小贺明白她这种吊儿郎当的态度要想靠运气进面试是肯定不行的。公务员考试中，她比较熟悉的行测题技巧让她在后来的企业招聘笔试中很容易脱颖而出，这就是前面说的参加公务员考试带给她的益处。

小贺回忆说：时至今日，想起那段日子倒是觉得很有趣。跑了好多之前都没有去过的地方，作为一个路痴，在认路上也有了长足的进步。借着面试的名义去了几次外地游，学会了在正式或者不正式的面试中穿上正装淡定地应对各种提问。小贺通过面试学到了一些经验，可是不能以为这些经验就足够应付以后的职场，因为只有在面临实际工作中各种各样的临时情况时，能够沉着地以自己的经验去应对，才说明你真正地成长了，而不仅仅是面试时那一点的自认为可以唬到人的花招。

【亮点点评】

1. 小贺同学以诙谐幽默的语气讲述了自己的求职经历，并总结出了非常实用的求职经验——"适合自己的才是最好的"。那怎么样的才是最适合自己的呢，这需要同学们在大学的学习和生活中认识自我并完善自我，为避免大四求职时的彷徨迷茫，同学们要早做准备，早做规划，求职过程无论怎么样的艰辛，只要充满智慧、充分准备，最终一定会修成正果、笑傲职场。

2. 小贺同学为我们详细讲述了她参加优衣库的求职经历，让她明白了"什么才是适合自己的职业"，对刚刚踏出校门的求职者极具借鉴意义。求职者一定要在面试前摸清面试公司方方面面的情况，要认清自己的求职意愿与公司发展方向是否契合，这是对自己的负责任，也是对公司的尊重。

3. 小贺同学在篇末最后还提到了有些同学选择考取公务员的一些情况以及自己参加市考的切身体会。确实，目前很多企业公司的招聘流程都设置了笔试环节，而笔试内容除了考察应试者的专业能力之外，也增加了考察他们思辨能力的试题，行政职业能力测验便是近些年来广受各大企事业单位欢迎的测试形式，因此建议求职者在涌入求职洪流前，一定要提前做好功课，早做准备。

应届毕业生互联网行业求职心得

小王向我们讲述了他的求职历程,他成功地被北京某互联网公司录取。小王总结了以下经验,分享给大家。

首先在参加秋招之前,一定要尽早确定自己的目标,了解自己的优势和劣势。阿拉伯语专业的同学选择进入企业,其就业去向主要集中于石油、工程、外贸和互联网4个行业,前两者工作环境相对比较艰苦,外派的时间也会比较长,一般来说起薪也会比较高。近几年招聘阿拉伯语专业学生比较多的互联网企业主要有字节跳动、欢聚时代和龙腾简合,这主要得益于国内互联网企业的出海潮;同时,很多其他互联网公司也开始涉足海外业务,开始招聘阿拉伯语专业的学生。通常来说,互联网公司工作环境相对较好,公司员工多为年轻人,工作氛围也会比较轻松,工作时间比较灵活,其中的头部企业的薪资也会比较高,如果公司海外业务比较多,已经或者即将在对应语言国家设立海外办公室,入职之后也会有赴海外工作的机会。不过相应的,互联网公司工作节奏比较快,对个人的学习能力和自我驱动能力要求比较高。

互联网公司提供给实习生的岗位比较多,所以有意向去互联网行业的同学最好能够在秋招前有一份实习经历,一来在面试过程中有过实习经历的同学更有优势,二来也能够在实习过程中检验和修订自己的职业规划。互联网公司招聘实习生一般涉及研发、设计、运营、市场和职能几个板块,小语种专业的同学一般能够去的是后三类,其中运营类的岗位最多,如果公司招聘的阿拉伯员工的需求较多,职能板块中也会有相应人力资源岗位的需求。除了各大互联网公司的官方招聘网站,同学们还可以在一些第三方平台上找到实习机会。

在投递简历之前,求职者应该着重关注岗位描述和岗位要求,实习笔试、面试内容通常情况下会跟岗位描述和岗位要求相关,要根据岗位介绍和描述有侧重点地准备。

一般而言,面试主要考察语言能力和通用业务能力,语言能力的面试主要是针对阿拉伯语和工作中常用的英语两种。如果有笔试的话,通常会有中外互译的题目出现,内容有可能涉及业务相关的线上或线下活动介绍翻译、各个应用功能板块名称翻译等，也有可能是阿拉伯国家时事新闻类的翻译。前者可以在面试之前通过下载应用，设置语言为阿拉伯语来实际观察之前的活动介绍、板块名称等的阿拉伯语翻译，后者主要是通过平时阿拉伯语学习的积累，想在短时间内提升较为困难。

  运营工作主要包括内容运营、活动运营、用户运营和数据运营等。内容方面主要是内容板块的规划、填充和更新；活动方面主要是结合最近的热点、用户偏好等对一个活动的策划、准备、上线和总结的过程，并且活动策划是面试过程中相对容易考察的一个部分，在许多相关网站上也有相当多的产品策划方案，可以先阅读一些与面试公司产品功能、定位相近的活动策划，然后根据自身创意，结合实际，尝试自己也做一份活动策划；用户运营主要是对平台用户的更新、留存、促活等过程关注、分析和改进；最后是数据运营，数据在运营工作中是非常重要的，在以后的工作过程中，对未来趋势的判断要根据各种数据综合分析得出，在这之前，就有必要了解一些常见的互联网术语，比如常见的数据指标 MAU、DAU、UV、ARPU 等，还有一些行业术语 SEO、UGC、PGC、KOL、SNS、UI 等，推广业务中可能也会出现 CPC、CPA、CPM、CPS 等关于计费模式的术语。互联网公司的研发、运营、设计等几类岗位中，运营的工作比较琐碎，像是一个超级用户和超级客服，因为工作中与产品和用户接触最多，很多时候也会参与产品的更新迭代过程，所以拥有一定的产品思维也会给求职面试带来帮助，其中帮助比较大的一般是产品或竞品分析，同样也可以在使用面试公司的产品之后去做一份自己的分析报告。内容运营、活动运营、用户运营、数据运营和产品思维是交织在一起的，在产品或竞品分析也会有内容、数据的部分，关于应用数据可以查询的网站有"七麦数据""谷歌指数""App Annie"和"Sensor Tower"等，此外"白鲸出海""游戏茶馆""鸟哥笔记"中也有关于产品和互联网出海的资讯，还有张亮的《从零开始做运营》可以作为入门读物，初步了解运营工作的内容。

【亮点点评】

  1. 小王同学本科所学专业为阿拉伯语，所以本篇求职经验分享针对性很强。尤其是对于阿拉伯语专业的同学来说，本篇堪称是阿拉伯语专业毕业生进军互联网行业的必读之物，同时对其他语言类专业的同学来说也具有一定的借鉴意义。

  2. 小王同学为我们介绍了当下招聘阿拉伯语专业毕业生人数较多的几家

互联网企业，并分析了互联网企业的工作环境特点、薪酬待遇和能力要求，并建议有意进军互联网企业的"小白"们最好在秋招前拥有一份实习经历。这些都是即将毕业的同学在求职前需要充分了解的。

3. 本篇分享最称得上是"干货"的部分莫过于小王同学对于互联网公司中关于运营类岗位的总结。从投递简历前应该关注的重点，笔试、面试的准备，考察能力的分析以及为此可以提前做的准备，等等，细致且逻辑条理清晰。其中对于内容运营、活动运营、用户运营和数据运营都给出了言简意赅的解释，并提供了可行有效的练习方法和参考网站。作为语言类专业的毕业生，搞懂并熟悉这些东西势必要花费大量时间和精力，为小王同学的辛苦付出点赞！同时也给我们的毕业生做了一个榜样：既然选定了自己的就业目标，那么辛苦付出是必不可少的，我们始终相信"天道酬勤"。

无限进步

他是弋舟,是一名大四的应届生,爱好是学、玩、阿拉伯语、数码,今年7月即将入职杭州某技术股份有限公司。大学生活转眼即将谢幕,这期间他经历了许多有趣的事,同时也感恩遇到了良师益友,这些人在他的人生中画上了多彩的一笔。作为芸芸应届生中的一员,他的经历不足为奇,但希望能给你们带来一点小启发,哪怕让你觉得有趣,就够了。

一、尝试比任何事都重要

弋舟说,他应该庆幸,当初选择阿拉伯语的时候,就跨出了尝试的第一步。全新的语言、不同的世界观,让他的思想变得更多元。

高中时,弋舟就尝试通过闲鱼网进行二手手机的翻新和买卖,这段经历使他不仅对手机内部构造有了一定了解,并且学会了如何为产品拍照、写简介,如何与买家沟通,修复一部手机并将它卖给需要的人,等等,他沉浸其中,乐此不疲。在与买家的交流中谋求利润的平衡,虽然有时会发生一些不愉快,但有时候还能收获一些志同道合的朋友。几年间他陆陆续续销售了近200件商品,里面大多是电子产品,这也为他体验和了解不同电子产品提供了便利。

"当你勇敢去尝试,遇到的问题会倒逼你不断去学习新的东西。"大一,弋舟为一家发型工作室设置网络,尽管当时他并不了解小型企业的网络拓扑,甲方要求呈现的效果是通过两台路由器对上下两层楼进行统一覆盖。因为未设置好主副路由器网关,调试期间多次造成网络崩溃,他便上网收集各种资料,找到几种拓扑方案,挨个儿尝试。其中遇到了很多困难,比如关闭副路由器的DHCP之后无法用网关地址进入设置界面,但最终都被他解决了。这次之后,弋舟对网络拓扑产生了极大的兴趣,也承接了一些网络、监控拓扑的业务。相比较而言他更愿意去了解复杂的网络拓扑,熟悉企业级设备,进行更深入的学习。

很多事都不是一日之功,困难是解决不完的。但面对困难,折腾不息,奋斗不止。多尝试总会有好处。

二、实践是检验真理的唯一标准

2018年下半年,弋舟在"小米之家"实习了一段时间。那是他大学期间最快乐、最充实的一段时间。设备是冰冷的,而人心是活络的。如果说之前是在跟设备和产品打交道,那在"小米之家"工作的这段时间就是和消费者打交道。弋舟是个"米粉",他希望让消费者体会到科技的乐趣。他觉得之前在闲鱼上的买卖只能算是线上的过家家,线下的销售才是一片竞争的红海,而销售技巧正是他在这段时间迫切想要学习的东西。

从收银、补货、迎宾、站位,到主动为顾客讲解、推荐相应的产品,一步步上手,让弋舟印象最深的一句话是销售主管告诉他的:"我们的产品好,就不怕给顾客推,要有这个自信。"还有一位销售主管与弋舟分享他的经历:有一次遇到一位外卖小哥在选手机,在与他聊天的过程中,销售主管发现他有开两个外卖软件接单的需求,于是向外卖小哥介绍小米手机内置的双开功能,直击用户的痛点,顺利完成一单生意。

这些容易忽略的细节,往往能扭转销售的被动局面。在销售的一线战场,弋舟学到了不少干货,对自己产品有信心的同时,了解用户的需求,靶向打击往往会更有效。

我们真的很需要踏踏实实地去实践,去努力提升自己,定位和目标一定会越来越明朗。唯一让我们成长的,就是长久的磨练。黑夜如果不够黑暗,尽头的曙光如何明亮?

三、永远是学生

今时今日,作为一个应届生,必须认清楚一件事情:用人单位选择给你工作机会,并不全是因为你的"能力",而是因为你身上的其他"可能性"。

弋舟曾在一家本地互联网公司做过有关营销策划的实习工作。虽然当时他对这方面一窍不通,但仍然积极尝试做方案,凭借他对这个行业的了解,提供了很多想法。虽然有的想法并不成熟,但他虚心向领导请教,领导也非常耐心地为他讲解。随着几次方案的落实,弋舟对市场营销的了解也在不断深入,最终在实习期间为公司取得了可喜的业绩。

目前的就业大环境越来越严苛:本科生供给过剩,普通技能劳动力并无缺口。认知清楚了,就要明白,没有一技傍身,又无法接受普通,便是问题的症结所在。

有目标,有行动,有坚持。坚持不一定有收获,但不坚持,就一定没有收获。永远以学生的态度自居，踏实做事，你会发现自己需要学习的东西还很多。

"无限进步"是弋舟喜欢的自媒体"影视飓风"的口号。他始终相信，只要在进步，哪怕一点点，都是可喜的。所以不管现在你正处于什么样的状态，尝试做出改变，就是最好的你。

【亮点点评】

1. 从弋舟同学高中时期就开始在闲鱼网买卖二手手机，到大学期间接手网络拓扑方面的生意、在"小米之家"实习等经历可以看出他一直以来都是一个有想法且动手能力很强的人。他的这些经历和能力也许正是用人单位看中的地方。如他所说，用人单位也许更看重的是你身上的其他"可能性"，这些东西都是书本上、学校里学不到的，只有在实践中去获得。

2. 感慨于弋舟同学对电子类产品，甚至这个行业的喜欢，那是一种热爱。正是因为这种热爱，才让他明确了自己的定位和目标，并为此经历长久的磨练，不断提升自己。求职者必须明确自己的定位与就业目标，这样才能有的放矢，最终笑傲职场。弋舟便是我们的榜样，他对于电子产品的热爱是一种历久弥新的情感，所以才愿意积极投身这个行业去实现自己的价值。

3. 从弋舟身上，我们还应该学到的是他积极乐观的生活态度。即时是在求职季，生活的长河依然滚滚向前。"去尝试，去实践，去坚持。永远以学生的态度自居，踏实做事。不管现在你正处于什么样的状态，尝试做出改变，就是最好的你。"所以这些语句无不昭示着弋舟同学的积极心态。求职者要越过各大公司企业设置的"崇山峻岭"，锻造自己的心态以拼搏进取正是当务之急，这也许正是"无限进步"的要义所在。

打有准备之仗

徐小语是四川外国语大学一名应届毕业生,在校期间,她勤奋努力,专业能力突出,多次获得校级优秀学生奖学金。虽然她在毕业当年的一月份就已经落实了自己的工作,与中国银行总行签订了三方协议,可是她的求职经历跟大部分同学一样,多次遭遇波折。

大一下学期的时候,小语对自己将来的就业目标定位就已经初具想法。她是以一名理科生的身份进入四川外国语大学学习的,因为自己在高中时候的语文以及英语成绩还比较优秀,所以在填报高考志愿的时候,她选择了报考越南语专业这样一门文科性十足的学科。但是随着大一第一学期的结束,她逐渐发现自己似乎并不太适合语言类学科的学习,反而对数字类等偏理科的学科更感兴趣,学习起来也更得心应手。经过深思熟虑之后,她在大一下学期报名参加了学校国际商学院国际金融专业双学位的课程学习。在随后的一年,她便开始积极准备会计从业资格证和证券从业资格证的考试。虽然希望自己以后能从事金融方面的工作,不过她更希望能够将越南语和金融两者结合起来寻找工作,所以大三的时候,她选择了去越南做国际交换生。在越南求学的一年对她的求职进展有所限制,因为不能够跟国内的同学同步开始求职准备。2014年6月,小语刚从越南求学归来,就紧锣密鼓地开始了各种行业的入门证书的考试备考。

2014年9月,许多大型企业都陆续启动校园招聘。这个时候,别的同学都忙着制作简历,奔赴各大宣讲会,向用人单位推荐自己,可小语还没有开始准备自己的求职简历。她有自己的打算:9月她要参加初级会计师和证券从业证券交易科目的考试,如果能拿到这两门资格类证书,将会为自己以后的求职增添一定的砝码。况且当时她不准备找跟越南语相关的工作,获得一个社会认证程度较高的证书对她而言尤为重要。这个时候,面对身边的同学们纷纷开始参加企业面试的情形,她的心里还是有些凌乱。考完初级会计师和证券从业考试之后,小语在9月末才开始制作自己的求职简历。制作简历的过程中,她发现由于自己在大学期间专注于考取各种证书,使得自己除了拥有的证书类别比较可观，校内学生会的工作经历、企业实习经验等都是比较欠缺的。特别是企业实习这一板块她只能写上2014年暑假在自己老家的一个小公司做会计助理和大一、大二时在麦当劳做兼职的经历。所以在写完简历之后，小语除了投递一些正在校园招聘的企业，她还投递了一些大型企业的实习生招聘。不过投递的简历大多石沉大海，随后她又尝试通过校内就业信息网来找工作，陆续参加了几场来校企业的面试，也获得了一些宝贵的面试经验。

2014年10月底，小语终于等来了自己的第一次笔试机会，即中国银行小语种人才招聘的笔试。顺利通过笔试之后，她又开始准备位于北京的中国银行总行的小语种人才的面试。面对众多全国优秀的小语种毕业生，她对自己的定位就是保持好心态，将自己最真实的一面展示给面试官。面试一共分为5个环节，分别是小组讨论、单独面试、英语口试、越南语口试和越南语笔试。小语认为自己在小组讨论和英语口试中发挥得不是很好，越南语笔试规定时间又只有1个小时，所以时间稍显紧迫。其中小组讨论中，她发言次数不多，也并不是领导者的角色，而且自己小组成员间合作不融洽，最后也没来得及把讨论成果展示给老师。英语口试中由于她有些紧张，考官的问题听得也不是很清楚。小语面试完回忆起来，觉得自己每个环节都存在问题。

在面试完第一家大型企业之后，小语的心态也更加平和，抱着更加积极乐观的心态投递简历，此时，她调整了自己的目标定位，并不局限于重庆地区、越南语专业、财务相关的工作了。11月末，她陆续得到了招商银行、重庆三峡银行等公司的面试机会，并最终和中国银行总行签订了三方协议。小语认为这份工作和金融、越南语都相关，不仅符合自己的兴趣爱好，还和大学所学专业相关，是最好的选择。所以这一份工作的前景也是十分乐观的，不仅可以提升自己的财务工作能力，而且可以更多地接触国际业务，成为一名真正的小语种复合型人才。

小语觉得，求职之前的准备工作是非常重要的，大家可以根据自己的性格特点、兴趣爱好选择在学生会工作、企业实习或者像小语一样选择考证。但是真正进入大四开始求职时，还必须有一份和自己所面试的工作相关的实习经历，这些都可以帮助毕业生的简历在众多求职简历中脱颖而出。在而后的企业面试中，大多数企业看中的都是你的综合素质和面试表现，也会少量参考你之前的实习经历。

另外，小语想告诉大家，一些在毕业前还未找到满意工作的毕业生，最重要的是保持平和心态，一时找不到工作也不要太急躁，以致乱了分寸。要准确定位自己的职业规划，切忌定位过高，这有助于自己又快又准地找到适合自己的工作。其实每个大学生的能力都不差，都有自己的优点，总有一个企业会认可自己身上的闪光点的。

【亮点点评】

1. 徐小语同学本科就读期间，学习上勤奋刻苦，多次获校级优秀奖学金，并有赴越南留学的求学经历，越南语专业能力突出，这正是她能通过中国银行总行越南语笔试的前提条件。

2. 徐小语同学从大学入学伊始，就开始思考自己的职业规划问题，进而通过自己的学习，逐渐明确自己的就业目标：要从事和越南语与金融相关的工作。因此她在大一下学期就报名参加了学校国际商学院国际金融专业双学位的学习。在随后的一年，又积极准备会计从业资格证和证券从业资格证的考试。考过的这两门资格类证书为她以后的求职之路增添了砝码。

3. 面对身边同学们蜂拥找工作的现状，徐小语同学不急不躁，坚持按照自己的节奏走：备考初级会计师和证券从业资格证。这一点在应届毕业生中是非常难能可贵的，足以见她练就的自己平和的心态，值得我们学习。

崭露头角，人生另一段旅程的开始

白驹过隙，大学四年即将结束，毕业生们将开启另一段人生旅程。新的人生旅程中，如果你想继续研究自己感兴趣的东西，那么你将继续另一段求学生涯；如果你想面向生活，体验工作的乐趣，那么你将开始职场的打拼；如果你想用自己的奇思妙想来开启工作之旅，那么你将奋斗在创业的路上……刘小婧的另一段人生旅程选择的是进入职场打拼，去体验不一样的生活——让自己在生活中成长起来。能在毕业以后找一个和自己专业对口的工作相当不容易，哪怕只是希望在日常的工作中可以运用到所学到的专业知识。小婧很幸运，在同学们都忙着准备考研和考公务员的时候，她一心只想找一份合适的工作，并且最终找到了一个能运用所学专业知识，又能学习其他方面东西的实习工作。

在找到这个实习工作之前，小婧曾兼职过与专业无关的销售类工作，也兼职过与专业有关的翻译和韩语家庭教师等工作。但是她认为销售类工作的忙碌、辛苦，翻译兼职的不稳定都不能使她在未来的生活中得以发展。所以求得一份与专业相关，舒适且较稳定的工作对她来说是极其重要的。她所能做的，就是在遇见对的工作前，做好准备。在求职中，小婧对自己的定位比较明确。因为自己的成绩一般，本专业的发展找不定方向，想要更好地学习其他知识她就得跨专业考研。所以从一开始她就有毕业以后直接工作的打算，因此她利用课余时间兼职了很多的岗位，每一种兼职体验都给她一种全新的感受。

随着2019届求职季的到来，各大公司企业的校园招聘逐渐增多。小婧对企业招聘信息的关注度也渐渐提升了，试着准备各种面试。开始可能会闹笑话，但是慢慢地结合自己上网搜来的经验技巧和每次的面试积累的经验，她的面试应对能力也在提升。校园公布的招聘信息是面对全校学生的，所以合适的就不会那么多，并且竞争也比较大，所以综合各方面考虑，小婧除了时常关注学校和院系发布的就业信息外，还关注了几个有关招聘的公众号，特别是韩语招聘。例如，除了老师们推荐的"前程无忧""乔布简历""智联招聘""韩语招聘"，她还关注了"张官礼待""韩生活"等。这些公众号除了会公布招聘单位信息，还有一个特别大的好处就是会发布一些面试技巧和找工作的技巧。

成功的面试最大的秘密就是需要求职者有一定的自信。最开始以自己能胜任的目标点出发，总结面试经验，这样在面试的时候才会消除因担心面试结果而带来的过度紧张。求得一份满意的工作需要从考虑自己的意愿出发，这样才会在未来的工作之路上走得更远。每一次失败的面试后，求职者都需要常记录自己的心得体会，避免在下次再出现同样的面试失误。其次在每次面试前准备的东西也很重要。如果是面试和自己语言专业有关的工作岗位，那么你就需要提前准备一份相应的简历和证明自己语言能力的佐证材料。材料不一定需要多么的华丽，但是必须在找工作前就得准备好，结合面试经验和面试内容增加或删除部分东西。如果担心自己的语言能力水平不过关，一定得准备一份语言相关的自我介绍，并且流利地讲出；同时，还需要想几个用相关语言能回答的问题。问题不一定要多，但是一定要广泛，包含学习、生活、兴趣等方面。这样就可以在面试环节回答问题的时候，快速借鉴所找到的东西来回答面试官的问题。最后，就是形象管理，面试的时候着装一定要得体。

小婧现在实习的单位也是她毕业后将工作的地方是一家韩企。它成为小婧毕业后的首选的原因有两点，一是在重庆，可以很方便回家；二是虽然工作项目不是她大学学习范围内的知识，但是工作时运用的语言是所学的朝鲜语。这样就可以让她四年学习的东西有所展现，并且能更进一步地提升她对所学习知识的运用。

小婧现在实习的岗位是这家韩企的人事专员，日常工作都是处理员工服务中心的事情。人事部简单来说就是一个单位管理人和事的部门。所以她的这个工作就是和公司的人员打交道。公司的员工有中国人，但是更多的是韩国人。对于人事行政这块，作为一个只有语言学习经验的她来说，常常在处理问题时出现一些细节上的错误。但是在一个优秀的领导的带领下，小婧渐渐地提升了自己的韩语交际能力，同时也学会了一些其他方面的知识。当然其中也少不了自己的辛勤投入与付出。例如，最开始到工作岗位时，所有接触到的工作内容都是陌生的，为了更好地了解工作事物，她常常得加班处理。

在实习的这段时间，除了最开始的一个月非常忙碌，之后实习期间的工作时间里，小婧独自处理问题的能力也在渐渐提高，并且对本职工作的了解也变得越来越多，同时也改变了小婧原本遇事咋咋呼呼的性子，性格渐渐变得沉稳。下面通过对比较有代表性的例子的总结，小婧分享了她学习的内容和过程。

首先需要了解企业，以便更快地适应工作。进入一个企业工作，首先最重要的是要了解这个企业是做什么。

了解完企业之后，进入工作岗位，最重要的是熟悉自己所担当的工作内容与职责。例如，在小婧熟悉工作内容的那段时间里，原来担任该职位的人员因为还有其他的事情需要处理，所以在快速的学习中，小婧得一边快速地消化学习的内容，还得一边摸索着怎样处理工作。因为在日常处理业务中，她不是可以一直专注处理自己进行着的事，有时公司人员来咨询员工服务中心时，小婧得停下来为他们作安排。所以在学习和工作中，小婧想到了一个解决办法，给中断的需要做好标签，以便再继续时后面的工作得以顺利进行，再就是一个很复杂的事情应该放在一天中最不忙碌的时间段去做。其次是学习办公系统和办公工具的使用，使工作得以高效进行。然后是学习和他人打交道，积累人脉，便于工作开展。在生活中需要与人打交道，在工作中也需要和人打交道。为了在各部门办事情的时候更加便利，这就要求我们不仅不要害怕陌生人同时还要主动结识他人。在生活中要礼貌待人，从小事起互相友善相待。例如，见面的时候问一声好，帮忙倒一杯水，领下东西等。这些在自己空闲时间和能力范围内的小事，能帮助他人，也能给他人留下一个不错的印象。再比如，你到一个部门找工作资料，却不知道向谁询问，如果有一位你认识的同事，相信他是会乐意进行介绍的。特别要注意，在涉及业务中的需要签订合同内容谈判时，不要让他人的想法来主导自己的思想，而是要坚持自己的想法并表述出自己的想法和观点。因为只有这样才能达到商议的目的，在双方互利共赢的状况下，才能推进工作的顺利开展。最后，面对紧急事情解决问题的方法——冷静处理。这时如果有一位很好的领导带领，你将会很快地学会处理问题的办法。有了这样的突发事件处理经验的积累，你就能慢慢变得不那么急躁了，同时自己的性格也渐渐变得比较沉稳。最重要的是面对问题时，做为一个新人，在工作中，常常都能发现一些不足之处。除了工作能力需要提升，还有对待工作的态度也有待提高。有时会因为一个问题感到心烦，不是因为这个问题很难，而是不想自己麻烦去解决这个问题。但是，在实习这段时间中，小婧发现工作的快乐其实就是解决这些麻烦的问题。当一个问题被解决后，感觉整个人都会变得非常地轻松。所以她常向那些优秀的前辈学习，即使学得有点"装模作样"，但是在实践中，也慢慢使她自己得到了提升。例如，有时会收到一封看不懂的韩文邮件，她会先静下来，然后边读边查不懂的单词，有比较难理解的词汇时，会虚心请教他人。

　　由于小婧的应届毕业生身份，她还未毕业就到公司工作，所以实习期的时间一直要持续到她拿到毕业证学位证才算结束。这个实习期的时间比一般自己出去做专职实习的时间长了很多。不知不觉中，小婧已经在现在的实习岗位上待了5个月了，回顾已经过去的5个月的实习工作，她的感触颇深，收获也颇丰富。这段时间，没有大家以为的各种职场的勾心斗角，而是在领导和同事们的悉心关怀和指导下，通过自身的努力和学习，她学习到了难得的经验和社会见识，当然其中也不能缺少小婧对工作认真的态度。所以也希望后辈们在今后，无论在什么岗位，都需要怀着对工作认真的态度处理事情。

【亮点点评】

1. 小婧同学对自己的能力有一个清晰的认识，自己成绩一般，所以如果想要在学业上有所突破，她就必须跨专业考研，因此她选择大学毕业后直接工作。而在这个目标确定之后，她仍旧不安于现状，通过各种兼职活动来获得工作体验，从而也更让她坚定了自己的就业方向。

2. 小婧同学建议大家在求职季一定要提升自己对企业招聘的关注度，获取招聘信息的渠道多样，除了常规的校园招生就业处公布的就业信息外，求职者还要利用好"互联网"这个好东西，尤其是现在风行的微信公众号，从中不仅能获得招聘单位信息，还可以发现一些讲述面试技巧以及找工作技巧的帖子。这些都是前辈们总结的经验之谈，对还未踏出校门的毕业生来说，等于是为他们驱散了求职之路上的一些迷雾，值得细读。

3. 小婧同学为我们详细讲述了自己在海力士半导体（重庆）有限公司的实习经历以及心理历程，从一开始担心自己出差错，到后来自己独立处理问题的能力提升，自己变得越来越自信沉稳，我们可以发现她一直在追求进步。同时她也为我们的一些职场小白提供了实例：如何快速上手自己的工作。虽然很多工作种类不同，性质不同，但是很多工作经验都是共通的，如了解公司背景，熟悉工作职责，关注工作细节，友善对待同事等等，小婧用自己的真实工作经历告诉我们：要去发现工作中的快乐，认真对待自己的工作。

勇敢说"不"

一、不喜欢认输的感觉

阿愿来自福建,是一个四年前高考失利的学生。

由于高考的失利,他与曾经梦想的法学专业失之交臂;然而也正因高考的失利,他与川外、与阿拉伯语,有了第一次相遇。

刚入学时,阿愿的内心是挣扎的。浏览了各式各样网站后得知阿拉伯语学习困难指数五颗星的他,忐忑了整整一个暑假。然而,抵不过对阿拉伯语的好奇和对阿拉伯语就业前景的看好,他踏上了这段一走就是四年的征程。谁承想,刚开始就被泼了一盆冷水。

大一上学期刚入学,学习阿拉伯语字母和发音时班上总有那么几个同学学得特别快,头一天教的字母,第二天就能念得无比流畅,让当时的阿愿羡慕不已。但也感谢这些同学,激发了他的斗志——因为阿愿,是一个不认输的人。

不认输的阿愿,有着以下几个方面的特质:执着、坚持、刻苦、忍耐。简单来说,那个时候的阿愿,直接给自己制订了一个计划,要求自己每天晚上至少要有四个小时坚持学习阿拉伯语,不论听、说、读、写;同时,阿愿也给自己设立了一个目标:期中阿拉伯语水平需要在班级前三,期末阿拉伯语水平在年级前五。经过阿愿的不懈努力,他用实际成绩证明了自己,实现了短期的小目标。在之后的四年时间里,凡是在学习生活中遇到的问题,对于他而言,都不是问题。只需要让那个不认输的阿愿出马,再大的困难,他也能迎刃而解。

这个不认输的阿愿一直潜藏在他的内心里,需要他的时候便能够挺身而出,带给自己非凡的勇气与信念,赠予他持久的力量与耐心。直至今日,亦是如此。这个在学习中频繁出现的不认输的阿愿,让他熟练掌握了阿拉伯语听、说、读、写的技能,也让他的专业知识能够在同学之中处于优秀水平。是他,为阿愿打开了求职就业的第一扇大门,让他奋勇向前,脱颖而出。

因此,当有人问阿愿怎么学习时,他会说:"我,不喜欢认输的感觉。"

二、不打无准备之仗

阿愿来自四川外国语大学，是一个"双非"院校的大学生。

在阿愿心里，川外的阿拉伯语专业在全国阿拉伯语院校里虽不是中等差等，但也绝不是顶尖水准。全国的阿拉伯语人，在提到高水平的阿拉伯语专业院校时，无非都是说北大、北外、上外、外经贸这些传统意义上的一流学府。这些学校有着比川外更加浓厚的学术氛围、更加丰富的学习资源、更加广泛的社会活动……

那在这种就业压力愈发明显、就业竞争愈发激烈的现状下，阿愿又该拿什么就业？拿什么求职？

这时候，另一个阿愿跳出来："我，不打无准备之仗。"哦，这是那个早做谋划的阿愿。他从大三就开始准备这些了，脸上没有丝毫的担心。对呀，那有什么好忧虑的呢？

在大二通过了阿拉伯语专业四级考试后，阿愿便开始对阿拉伯语就业的相关行业与岗位进行了探索与调查。本科毕业之后，大家从事的行业主要分布在硕士高校、国家部门、各省部委、电子通信、机械工程、家用电器、互联网、汽车制造等领域。继续深挖之后，他发现尽管用人单位对于阿拉伯语人才的需求比较旺盛，但同时他们对这类人才也有自己的要求，其中海外留学经历便是他们极其看重的一环。因此，阿愿在大三上学期便毅然决定通过自费项目前往埃及留学。后来的事实表明，这一留学经历的确让他的简历与面试都获得了不少的加分。此外，这次的留学经历，更让他结识了许多外校乃至阿拉伯国家的朋友。毫无疑问，这对未来的阿愿而言是一笔无价的财富。

同时，阿愿也注意到了用人单位对于学生工作和实习经历这两方面的侧重。关于学生工作，在大四开学前他已经做了三年的班级班长、院内年级长、院学生会组织部部长……他已经不再欠缺这方面的经验与故事。但实习经历却是当时的他不具备的。因此，凡事都早做谋划的那个阿愿，在大三下学期结束后的暑假，便申请在福建省外事服务中心实习，一方面提升自己的专业水平，一方面也提早适应工作的艰辛与挑战。

最后，万事俱备，只欠东风。阿愿只剩下了唯一需要做的事情：制作简历、准备笔试和面试。为了给自己制作一份完美简历，他寻找了不下200份的简历模板，一份份仔细研究阅读，从中选取值得借鉴学习之处为己所用。最终，他用了将近一周的时间，打磨出一份最适合他个人的求职简历，也正是这份简历，帮助他敲开了如今签约企业的大门。

之后，他在多个网站上搜寻了数份笔试测评题，进行反复的练习与总结。这不仅仅是一种必要的应试准备手段，更是一种对于自身逻辑推理等各方面的突破性锻炼。此外，他也通过自己多年的学生工作和实习经历，不断提炼自己在面试中的自我介绍，并预设了多个问题以进行练习和改进。在经过漫长而细致的工作后，阿愿终于完成了对这终局之战的所有准备。

"我们终将取得最后的胜利，不顾一切。"

三、不能够夜郎自大

"阿愿来自东方语学院，是一个品学兼优的大四学生。"

这是很多老师以及同学对他的评价，他几乎也就这么信了。然而川外只是大中国西南地区重庆市里的一所高校而已。这样的阿愿犹如井底之蛙。

2018年暑假期间，海康开始了提前批的校招，阿愿参加并进入了第二轮面试，距离前往杭州总部进行最终面试，只有一步之遥。

二轮面试结束后，他心中仍然有些紧张。父母安慰他："放心，你这么优秀，肯定进终面的。"于是他也这么安慰着自己。然而面试结果出来，他却未能如愿购买开往杭州的动车票。

那一刻，曾经的自我安慰在他看来就仿佛麻醉剂一般，不断麻痹自己的神经。那一刻，身体中的又一个"阿愿"突然惊醒，并告诉他："你并没有那么好。"

这个"阿愿"叫"谦逊"。

以往的路，他走得太平坦了，以至于误以为自己高高在上，仿佛什么都唾手可得。然而实际的他，却仍然是一样的卑微，卑微到依旧有那么多人，可以轻而易举地在效率上超过他，可以不费工夫地在实力上碾压他。那么，他还有什么理由沉溺在自己的幻想之中呢？

"我，不能够夜郎自大。"谦逊对阿愿如是说。

"是的，我不能。人外有人，天外有天。我需要不断提升自己、完善自己，我需要克制自己盲目膨胀的骄傲和欲望，我需要自我突破。"

所幸在秋招之前经历了这样一场失败，让阿愿得以认清自己。因而在之后的过程中，他及时调整了自己的心态，最终如愿以偿地通过秋招与现在的工作单位签约。

倘若说知识是通往力量的阶梯，那么谦逊与克制便是突破自我的长矛。因此，时至今日阿愿始终不认为自己有多么的优秀与杰出，自满只会成为自己攀登路上的阻碍与桎梏。人类，唯有突破自我，才有可能继续发展。

四、不会停下脚步

阿愿来自象牙塔，是一个即将步入社会的毕业生。

尽管生活在象牙塔中，阿愿却仍然尽全力通过一切可能的途径去了解、去认识、去适应这个社会。

"是的。"一个声音在他脑中回荡着，"因为我，不会停下脚步。"

映入他眼帘的，是这个男人。他是无畏，是阿愿求职路上的最后一个自我。

曾经的阿愿，一度安于现状，觉得自己并不出彩，也不需要引人注目。换言之，就是平庸。然而平庸无法带给他生活真正的乐趣，因此，在踏上求职之路后，阿愿选择了无畏，选择了发光。他需要无畏这种霸气而稳重的气场，需要无畏这种从容而坚定的目光，更需要无畏这种奋发向上的精神。

人生就是一条路，我们所需要做的不过是重复着跋涉与不断地攀登；然而最困难的也正是跋涉与攀登。有些人半途而废，迷失在自己的旅途中，也放弃了最初的梦想；有些人志满意得，停留在了所谓的高点，却错过了以后的风景。

不论是否走在求职这条路上，都要做到无畏。无畏，则可以大胆去走、去尝试、去挑战。而身为成年人的阿愿，需要为自己负责、为自己拼搏、为自己出彩。因此无畏，是正值青年的阿愿最好的选择。

曾经他对朋友说，自己如今取得的成就不过是凭借着运气罢了。而朋友回他道："运气，也是实力的一部分。"

是啊，无畏，又何尝不是他拥有运气的关键呢？

毕业前夕，就让他在这象牙塔的最后时光里，为新时代中无畏的自己烙下一个滚烫的逗号——这不是他的终曲，这只是一段序幕。

希望人生的下一阶段，会有一个新的自己，对自己说："我，不。"

【亮点点评】

阿愿同学的本篇就业经验分享主要集中在四个关键词上："不认输""不打无准备之战""谦逊""无畏"。"不认输"的阿愿通过自己的执着、坚持、刻苦和忍耐，用实际成绩证明了自己，专业能力突出，也为自己以后的求职之路开启了第一扇大门；"不打无准备之战"的阿愿深知自己与国内老牌高校阿拉伯语专业毕业生的差距，因此从大二开始便了对阿拉伯语未来就业相关行业与岗位的探索与调查，并根据自己的调查结果，调整了自己的在大三大四年级的学习和工作重点，即赴海外留学以及积极实习实践。"谦逊"的阿愿在一次面试失利后终于醒悟：人外有人，天外有天，于是及时调整自己的心态，通过不断提升和完善自己，最终如愿以偿，成功签约。"无畏"的阿愿懂得人生之路上自己需要为自己负责、为自己拼搏，为自己出彩，因此不甘于平庸，不安于现状，大步踏入自己的人生下一阶段。

随遇而安,却也依然勇往直前

大学四年的生活转瞬即逝,不知不觉中,这一届的毕业生即将离开象牙塔去面对一个全新的开始。罗小音回顾自己大学四年的生活,没有波澜壮阔,没有惊天动地,没有刻骨铭心,没有轰轰烈烈,仔细想想就是普通至极的大学生活。在学校上课的时候,每天的生活是宿舍、教室、食堂三点一线,与她九年义务教育和三年高中相差无几,但是大学始终还是大学,在那里有过失败挫折,也有收获成长,有失有得,是她人生一个简单的缩影。

大学生活的失败与成长

上大学之前,罗小音对大学生活是有一定的憧憬与想象的,但上了大学之后她才发现,实际的大学生活和她理想的大学生活相差甚远。她理想的大学生活是每天课很少,经常可以睡到自然醒,参加很多社团,培养自己的兴趣爱好,在社团里交到很多志同道合的朋友,可以在学生会里混得风生水起,不用怎么学习就可以不用挂科,考到60分是一件很简单的事情。

理想始终还是理想,罗小音带着高中的懵懂与稚气来到了大学校园,来到了一个陌生的地方,没有熟悉的人,也没有认识的学长学姐为她指点迷津,她不知道怎么去寻求别人的帮助。她也不喜欢麻烦别人,就只能让自己在一次一次的实践摸索中成长。

大一的时候,为了实现自己想要加入很多社团和学生会并结识志同道合的朋友的理想,罗小音前前后后面试了有六七个社团,还竞选了班级的团支部书记,但最后没有一个社团需要她,或者说是所有社团和学生会的面试她都失败了,竞选班干部也几乎没有人支持她,当时她觉得自己非常失败,也非常难过,甚至一度怀疑自己,怀疑这个大学。

不过好在小音是一个乐观开朗、积极向上的人,虽然这些失败让她对大学生活产生过迷茫,也怀疑过自己,但她不想放弃,她相信自己不是一无是处,只是没有找对方法,或者运气很差而已。好在她的内心足够强大,对于大一时期以及后面经历的失败与挫折,她都可以一笑而过,觉得只是自己运气不好,并且鼓励自己继续努力，还有更大的进步空间。每次失败后，罗小音都在想，她面试的那些社团为什么不需要她？面试中她到底哪里表现得不好？通过对这些失败经历的总结，她不断地提升自己、完善自己，并且安慰自己，这次的失败是为下一次累积好运，这次运气不好，下一次可能就好了。

因为大学没有加入社团和学生会，罗小音的大学生活很悠闲、很从容，不用因为很多事情而奔波在学校的各个地方，也不用因为各种活动请假，更不用费尽心思去处理人际关系。大学四年里，她从来不无故旷课，能不请假绝对不请假，即便是她不感兴趣的课，她也会每节课都去上，并且认真听讲。其实很多人都说大学应该选择性地学习，没有必要去学习没有用的东西。但是罗小音的大学和其他大学不太一样，对于自己的课程，她没有太大的选择权利，课表怎么安排，她就怎么上课，小音觉得上课是对学习的态度，是对老师的尊重，大学四年她唯一的坚持也许就是从不旷课。虽然没有认识到很多朋友，没有很丰富的经历，但是她也享受每天上课这种简单的生活状态，就好像以前上学一样。

人生中总是有很多事情并不是我们想怎么样就一定可以怎么样的，但并不是每个不好的事情带来的都是不好的结果，重要的是我们对待事情的态度。罗小音虽然不够优秀，十分平凡，但是她非常感恩自己有很好的性格，有强烈的责任感，有单纯善良的心。这是让她在大学四年慢慢成长最重要的因素，让她能够通过锤炼从大一时期的懵懂变成现在的成熟，让她能够在一次次的挫折与失败中依然可以积极面对生活，让她觉得这个世界始终是善良友好的。虽然不知道未来会怎么样，但她心态很好，积极乐观，随遇而安。

未来人生的迷茫与尝试

罗小音并没有对自己的人生有十分明确的规划，都是走一步看一步，她觉得可能大多数人都像她这样。罗小音其实很羡慕那些对自己未来有明确规划的人，羡慕那些清楚知道自己到底想要什么、想要过什么生活的人，也觉得他们是十分优秀的人。但不是谁都可以成为自己最想成为的人，也许我们会有很多尝试，会走很多弯路，才能够找到最真实的自己，或者最终也未找到最真实的自己。但这些都没有关系，也许有人会一直在漂泊，一直在尝试，一直在经历种种，这又何尝不是一种人生呢。大千世界，形形色色，总有属于自己的人生与生活，没有必要去意别人如何，做好自己就够了。罗小音没有什么特别伟大的理想，也没有什么特别想做的事情，她相信未来不会太糟糕，只要自己勇往直前，积极进取，生活应该就不会让人太难受。

在她走一步看一步的时候，不知不觉就到了大三下学期，她需要在这个时候对大四的自己有个交代。老师有发实习信息，身边也有一些朋友在实习，罗小音看到自己喜欢的公司也有想去实习的想法，她在大三下学期时面试了两个她比较感兴趣的公司和专业对口的实习工作，但最终都因为自己的专业水平不过硬，失去了实习的机会。最后，虽然她在自己喜欢的公司实习，但是做着自己不喜欢的事情，也和专业不对口，感觉这个工作没有什么意义，实习了一个月她就放弃了。经过这次实习，罗小音意识到自己即使再喜欢一个公司，如果所做的事情是自己不喜欢的，也是很难坚持下去的。罗小音还是希望能够做自己喜欢的事情，也希望大学所学的专业能够在工作上派上用场。她对自己有了新的认识之后，意识到自己还要加强专业课的学习，特别是要经常练习。她在这样的认识中迎来了大四生活，迎来了她们终究所要面对的毕业季。

毕业季，离别季，感觉也是烦恼季，罗小音觉得自己好像有毕业焦虑症，害怕踏入社会面对残酷的生活，舍不得离开充满美好与单纯的校园生活，担心自己难以胜任未来的工作。她在大四上学期的时候没有去找工作，一心想要考公务员，但在几次考试失利之后，罗小音感觉到了压力。考公务员真的很难，考不上公务员她应该干什么，毕业之后到底该何去何从，因为这些，罗小音感觉到了焦虑和烦恼。大四下学期是没有课的一学期，是罗小音能在学校里面生活的最后一学期，其实她是很想工作赚钱的，她很害怕自己毕业之后成为一个无业游民，所以抱着这样的心态去找了工作。在大四下学期找工作这件事情上，她觉得自己是很幸运的，她记录了很多自己想要应聘的企业的宣讲会的时间与地址，并准备去面试。但这些记录还没有派上用场，罗小音就找到了自己满意的工作。

签约工作的过程与体会

通过辅导员发布的企业招聘信息，并且因为辅导员一直鼓励她去尝试一下，罗小音就抱着试一试的心态去了招聘会。当她去听某公司的宣讲会之前，她提前在网上查询了一些资料，知道这家企业是ODM行业中厉害的公司之一，只是她以前并不了解这些而已。宣讲会现场的面试官人十分友好，让她觉得想投个简历，参加笔试尝试一下。一切很顺利，笔试、一面、二面、三面、签约，就在短短四五天的时间里，罗小音选择了这家公司，这家公司也选择了她。其实她是很相信缘分的人，虽然这家公司在外地，罗小音并不是很想去外地，但是这家公司的面试官是很好的人，她问了很多与公司有关的问题，对公司有了比较深入的了解，她很喜欢这家公司，也满意自己所应聘的职位，并且也算是专业对口的工作，没让大学四年的专业白学。

罗小音在这家公司的面试过程中，其实没有刻意地准备，都是在她之前一次次的失败之上的经验累积。该公司的第一次面试是群面，面试者有10个人，分成两组，每一组对一个问题有不同的解决方法，两组需要通过讨论协商达成一致协议。这是她的第一次群面。罗小音在面试的时候没有感觉到自己是在面试，她觉得自己就是根据给的题目要求，完成应该完成的讨论而已，并且面试时氛围很好，她也并没有感到紧张。跟大家讨论的时候，她很自然地说出自己的见解，在没有人说话的时候，她很自然地就开口说话了。面试时候的心态和状态真的很重要，不紧张、自然，可以为面试加分。

罗小音的第二次面试是与面试官一对一交流，面试官问了她很多问题，她也问了面试官很多问题，他们聊了一个多小时。在这次面试中她更加觉得面试官人很好，感觉整个公司的氛围和人都是很好的。向面试官提问是很重要的一个环节，她在面试的前一天在网上看了很多与这个公司有关的信息，对公司有了进一步的了解，她对网上所说的很多东西也感到好奇，就向面试官问提出了她对网上一些东西的疑问，并请面试官变变对这些事情的看法，面试官十分耐心地回答了她的所有疑问。聊了很久之后，面试官一直在看手表，但还是问她还有没有什么问题，她意识到自己的面试时间过长，问题过多，便向面试官表达了深深的感谢与自己问的问题太多、耽误了太多的时间的诚挚的歉意，之后就结束了她经历时间最长的一次面试。

最后一场面试其实是整个过程中最简单的面试了，就是面试官询问就业意向。一般意向越强烈，被录取的几率就越大。不管你到底想不想要这份工作，想不想进这个公司，既然来面试了，就要表现出自己强烈的就业意向，表达自己对该公司的向往。不管怎么样，最终罗小音成功地拿到了这个公司的工作录取通知，心里的一块石头也算是落了地。

虽然她有点害怕一个人去外地，害怕一个人生活在人生地不熟的地方，担心自己可能做不好自己的工作。但既然她已经决定要去这家公司工作，她应该做的事情不是担心害怕，而是要努力提升自己，包括在网上多多了解公司和新的城市，也许不知道未来会怎么样，但还是要保持乐观，积极进取，勇往直前。

我们可以随遇而安，可以走一步看一步，但绝不可以轻言放弃，不可以对未来没有希望、没有憧憬，不可以不去努力提升自己。随遇而安，却也要勇往直前，这是一个简单、平凡而又十分普通的罗小音面对生活的态度，也是她一路走来最真实的写照。

【亮点点评】

1. 罗小音同学就是时下我们称之为"佛系"的那种人，她喜欢用"随遇而安"这个字眼，而这正是她平和心态的一种体现。就读大学期间，她是"考勤达人"，将不旷课做到了极致，因为她认为这是自己对学习的态度，我们可以由此推想，小罗势必在自己未来的工作岗位上延续这种好习惯。

2. 罗小音是个"乐天派"，天性乐观开朗，积极向上，内心足够强大，虽然在大学期间经历了学生会以及社团的多场失败面试，但她依然懂得从中汲取经验教训，去完善自己。

3. 和众多毕业生一样，罗小音同学也曾迷茫，对自己的职业规划不明确。于是，她开始尝试寻找实习工作，并从中意识到了自己心中真正想要的目标定位："我还是希望能够做自己比较喜欢的事情，也希望大学所学的专业也能够在工作上派上用场。"

4. 明确了自己就业目标的罗小音在求职过程中顺风顺水，很快就签约了某公司，首先得益于她的不轻言放弃，对未来充满希望与憧憬，其次得益于她以一种平和的心态去面对这场面试，还有她这一路走来经历失败所累积的经验也让她很快从应试者中脱颖而出。

做一个有心人

以下是对小潘同学在某半导体（重庆）有限公司的相关实习经历以及体会的梳理，希望能够对毕业生以后的求职面试有一点点帮助。

该公司是韩国第三大跨国企业的子公司，重庆分公司主要负责半导体的封装测试。小潘是2018年9月知道该公司会在自己学校进行招生宣传的，相比其他同学，他知道这个消息更早一些，所以他对于招聘的岗位有更多的时间做准备。因为他当时选择的岗位是生产管理，所以面试之前对于这个岗位做了深入的了解和充分的准备。

在面试之前小潘所做的准备主要如下，第一，他了解了该公司的发展历程和取得成就，对于面试过程中面试官可能会提出的问题提前做一些模拟训练，以便回答的时候能够做到语言流畅、表述规范、逻辑严密而周到。正所谓知己知彼，百战不殆，只有对面试过程中面试官将会提出的问题心里有数才能更好地应对。第二，小潘对于当前国内半导体行业的发展形势和未来发展趋势以及半导体行业的相关知识做了一些了解。例如，一些工艺流程和专业术语。第三，就是学习办公软件的使用。因为小潘面试的岗位是生产管理。所谓生产管理就是负责沟通各个部门，达成生产目标，分析生产数据，并得出结论。所以，对于这一岗位特别看重求职者处理、分析数据并得出结论的能力，对于Excel的熟练掌握和使用会成为面试时重点考察的同内容。因为这一办公软件在大学里使用得并不怎么多，所以面试之前他重点学习了这方面的知识。面试的时候，面试官问了他一个根据日期对数据求和的运用和纵向查找函数的应用，所幸这两个问题他之前看到过，所以他的答案比较符合面试官的想法。小潘想告诉大家的是，现在在求职的时候除了看重你的专业能力，还会看重你对于办公软件掌握的程度，这一能力需要长时间的培养，不是一蹴而就的。但是如果你面试准备的时间不够，可以针对你面试的岗位有可能使用的办公技能进行针对性的训练，也许能在很短的时间内取得不错的效果，为你的面试锦上添花。

在大学四年里，小潘除了为自己的语言能力打下坚实的基础以外，他还培养了思考与独立学习、工作的能力,这为他的实习提供了巨大的帮助。公司和学校的最大区别在于,一个是给你提供尽情展现自己能力的社会舞台,一个是你学习知识增强你专业能力的地方。在公司里,你需要以最快的速度熟悉你的业务,掌握以前未曾学习过的知识,对于不懂的知识你需要独立思考并学习掌握,公司里很少有人会像学校老师一样不厌其烦地教授你知识,所以不懂的地方最好自己独立学会。这样,不仅能减少同事的工作量,也能锻炼自己,对于以后的发展会有很大的帮助。小潘觉得实习就是将专业和实际有机地结合起来,利用已知的专业知识去开拓未知的领域,学习新的知识。只有不断活用已有的知识,学习新的知识才算得上一份好的实习经历。语言仅仅是一块敲门砖,是你进入公司任职的一个方式,而不是你在公司最终的目标。在公司你应该综合发展,培养你的综合业务能力。其实大部分的人在毕业后都不会从事与自己专业对口的工作,所以掌握专业知识以外的知识和技能非常重要。

  在求职的时候我们总会面临各种各样的困惑。例如,对公司的了解不够深,担心公司是不正规的公司、是空壳公司,不知公司的发展前景如何以及招聘中的待遇是否能够真正实现等。对于这些问题,小潘首先打听了前辈们毕业后主要的去处,将自己心仪的公司列出来并分别联系在这些公司的前辈,向他们咨询关于公司的情况以及自己感兴趣的问题,这种方法往往比起自己单独地通过网络了解更有效果。小潘的面试是学姐负责的,面试之前学姐也告知了他一些公司的相关情况并为他修改了简历,小潘面试的部门也有学长在里面任职,在以后的工作中这位学长也给了他很大的帮助,让他能更快地适应公司环境。其次,面试之前他在企查查、天眼查等软件上查询过公司的基本状况,确认了公司的合法性,不光如此,他还咨询了学院老师们,确认该公司是不是第一次在自己学院进行招聘,如果是的话那么就需要再多加注意了。

  最后是小潘求职时的一些体会。第一,对于自身要有一个准确的定位,能够很清晰地认识自己这一点很重要。只有这样,你才能知道你想从事什么职业,能够从事怎样的职业,对于自己的职业生涯有一个大概的规划,这个规划不一定很准确,但一定要有计划、有认知。第二,尽可能地挑选能锻炼自己能力的岗位实习,因为这段实习经历会对你以后的工作产生很大的影响,你以后出去面试工作的时候,面试官会很看重你的实习经历,一份好的实习经历是很能打动面试官的。第三,当然计划赶不上变化,就算之前已经做了万全的准备,面试的时候还是会有各种意外发生,让你措手不及。这时候,希望你不要着急,保持头脑清晰很重要,因为只有这样你才能有条理地回答面试官的问题。面试时尽量对自己有一个客观真实的评价,可以对自己的认知进行一定程度的润色，但是请建立在真实的基础上，不然会给你的面试官留下一个不太美好的印象。

【亮点点评】

　　小潘同学以自己在 SK 海力士半导体（重庆）有限公司的实习经历为例，向我们介绍了求职者应聘过程中可能会用到的诸多经验。如面试前应该了解公司发展历程和成就，了解行业发展形势和未来发展趋势，学会熟练运用工作要求的办公软件，等等。在他看来，大学培养了他独立思考和学习工作的能力，从而让他可以在公司快速立足；语言只是一块敲门砖，而综合发展、掌握专业知识以外的东西才是王道，这些都是眼下让有些求职者感到迷茫的地方。同时他还强调了求职过程中一个非常实际的问题：应聘者如何快速甄别一家公司是不是正规公司，并提出了自己经实践检验的一些做法和建议。最后他告诫广大求职者时刻要做到以下三点：一是对自己准确定位，二是重视实习经历，三是保持头脑清醒，并对自己进行客观评价。

就业前后：永远努力，永远幸运

下面是彤彤的经验分享。

告别四年的大学生活，毕业生褪去天之骄子的霓裳，最先面对的就是竞争激烈的谋职择业。在各类招聘会中搜寻，在四处投递简历，在焦急等待回音的时候，你有没有想过这样的一个问题："你准备好了吗？"选择职业是实现人生目标的工具，你未来的走向和幸福将大部分依靠你的工作来实现。它不仅能给你带来快乐，更会让你具有竞争力。

认识自己，准确定位。希腊哲学家把认识自己看作生命的一个重要目的。中国古人也说："知己知彼，百战不殆。"认识自己无疑是面对人生、解决困难的第一步，找工作时亦不例外。我们了解了自己的兴趣、个性、能力、价值观和健康的生活方式后，才能知道什么工作适合自己。

主动出击，尽可能为自己争取机会。我们在进一步深入了解自己之后，就应该着手寻找各式各样适合自己的就业机会。这一步工作做得好，我们才能掌握可靠的资料，清楚地知道当前有哪些工作可供自己选择。我们要通过各种渠道去获取用人单位的第一手资料，其实这些都是很简单的事，但需要你努力去尝试。机遇往往只垂青那些有准备的人，谁拥有更多更有效的就业信息，谁就赢得了择业的主动权。

第一，你可以通过学校的就业指导机构获取就业信息，学校的就业指导办公室作为指导毕业生就业的重要机构，与各级毕业生就业主管部门，以及有关用人单位保持着密切的联系。国家有关政策规定、地方的就业政策、用人单位的简介材料、用人信息等，学校的就业指导机构一般都能及时掌握。学校的就业指导办公室也会不定期地开展就业讲座，不妨从专家那里得到专业性的指导。

第二，你也可以通过网络、电话获取信息。在今天，网络的发展给大家的生活带来了诸多的便利，它对于找工作的你来说是不可或缺的。例如，学校的就业网上会不断地更新用人单位的招聘信息。求职者上网别只顾聊天、网游，其实从网络中学习是很有用的，可以搜索一些精华去学习。一般的用人单位都会有自己的网页，招聘信息、联系方式、工作环境都可一一了解，相信对于找工作的你是有益的。

第三，用自己的人际关系网去获取信息，从家人、亲戚、朋友、同学以及他们的社会关系中可以获得很多企业的职位信息。多与本行业的师兄师姐们保持联络，在需要的时候向他们了解用人单位的情况。例如，单位的工作条件、福利待遇等，便于自己做出正确的选择。

最后是利用社会实践、实习等机会去获取信息。应届毕业生可以通过暑期社会实践与用人单位直接接触，通过这种试，你不仅能熟知用人单位的工作性质，也可以结识用人单位的领导、同事等，还可以方便自己获取信息。另一方面，在这一过程中，对方对你的品德、能力和知识水平也得到了了解，同时你也可以给用人单位的领导、同事留下印象。

积极进取，保持良好的心态。机遇与挑战并存，是当今时代的特征。就业竞争的压力越来越大，如何去生存，如何找到一份好工作，如何去发展，对于面临就业的大学生来说在心理上也是一种挑战。毕业在即，他们对将来所从事的职业都寄托着各种各样的希望，在求知过程中既充满憧憬，又心存顾虑，表现出矛盾的心理。他们需要及时调整心态，自信就是力量，奋斗才会成功。首先，毕业生切记不要自我感觉过于良好，一厢情愿不切实际地去择业。其次，不要犹豫观望，举棋不定。在彤彤身边就有这样的同学，东跑西跑联系了不少单位，但犹豫不决，迟迟不与用人单位签约，希望还会有更好的单位，一山还望一山高，瞻前顾后，拖迟不决，往往容易错失良机。第三，切忌互相攀比，盲目从众。花开花落，云卷云舒。生活依然一天天向前，求职者只有积极向前，主动走出心理误区，排除心理障碍，才能以最佳的心理状态去迎接就业这一人生中重大的选择。

准备就绪，走上成功之路。从双向选择的过程可以看出，用人单位在初步选择应聘者时，因为他们往往对众多应聘者的情况尚不了解，选择进入面试人选的依据是阅读反映毕业生情况的书面材料，对于他们来说，这些书面材料就是评价求职者的学习成绩、工作潜力的依据。一份能够吸引用人单位注意力的简历能创造面试的机会，进而增加你被录用的机会。所以它必须兼备简洁、有序、个性但不失重点等特色。更重要的是你的基本信息要真实，切忌弄虚作假。有人可能会拿别人的获奖证书，经过涂改处理，复印变为自己的，这样害的只有你自己，如果用人单位要求你出示所获得的技能证书、荣誉证书原件时拿不出来，使用人单位认为你在说谎，你将失去就业的机会。

面试，开启成功之门。当你收到心仪单位的面试通知时，恭喜你，你已经由应聘者成为候选人，如果这时你对此次面试有心理压力，更要恭贺你，这证明这个工作机会对你具有挑战性，是你所希望的。当然越好的工作，竞争者会越多，如何在竞争中胜出，你必须做好充分准备。用人单位通过面试可以直接、客观、全面地了解你。面试其实只有短短的几十分钟，求职者如何掌握，如何利用有限的时间去突出重点地介绍自己，使面试官清楚地了解自己的情况，进而留下美好的印象至关重要。对于用人单位来说，他们感兴趣的是你的团队合作精神、与人沟通的能力等。求职者可以通过各种资源来掌握用人单位的信息，从专业书籍中汲取面试经验。一方面要对自己有一个清醒的认识和准确的定位，注意自己的言谈举止，另一方面要深入地了解对方，做到这两点的话相信你一定可以在面试中脱颖而出，开启成功之门。一分耕耘一分收获，获得一份好的工作，临时抱佛脚是不够的，关键在于你们能否把这四年的大学生活同求职择业及以后的成才紧密联系起来。

首先，定位。这是重中之重。做好自己的职业规划，仔细分析一下自己的优劣势，明确自己的求职目标。兴趣结合优势，这是比较理想的。以彤彤为例，她不会编程，所以即使给了她这样的工作机会，她自问也不会很喜欢，更谈不上优势，所以彤彤基本不投研发类岗位，除非那些特别对口的，比如做软交换。不过事实证明她对这类工作确实不在行，所有笔试都没有通过，她也觉得自己的性格不适合做销售，所以不投这类岗位。从兴趣上来说，彤彤喜欢策划、设计这类的工作，所以投了一些建筑类的、规划类的职位，并一直朝这个方向努力着。本来对于技术支持这类的工作，她也是蛮喜欢的，但是都因为基础不扎实，败北于笔试。彤彤还投过咨询和专利代理类的工作，因为觉得撰写也是自己的一个优势，当然这两个职位还需要其他一些品质。决定好自己的定位之后，就可以瞄准你理想中的最佳雇主，做好应聘目标的定位，包括了解企业文化、产品和解决方案等，做到知己知彼。如房地产企业的笔试会出这样的题：列举几类正在开展的业务，描述你对企业的认识。应聘者需要随时关注应聘企业主页上的招聘信息，看他们对雇员的要求，及时弥补不足。总之，做好定位，明确目标，然后就会有收获。

其次，准备简历。简历就是你的"门面"，一个好的简历是求职的敲门砖。对于简历的长度和细节，每个人都有自己的定义，彤彤只写了一页，列举了她自己的职业技能、个人素质、实习经历、语言水平和教育背景。虽然她后来通过这份简历还是得到了各种各样职位的笔试、面试通知，但在这里还是推荐大家最好能有针对性地做好简历，提高命中率。还有，提前到各个招聘网站注册并填写简历，经常刷新，有时候合适的职位就找上门来了，彤彤的同学就有这样的经历：国家电网有限公司在网上搜索到她的简历让她去面试。当然，这类网站上更多的是一些社会招聘的小公司，这对于那些想积累面试经验的同学也是有好处的，能让他们提前进入状态。

然后，能力。彤彤觉得有不少人有过在企业的实习经历，这是求职中一个很重要的砝码。其实归根结底，都是因为个人能力的提高。所以，想做设计的同学，不管有没有扎实基础，都要提前补习基本的理论知识和实践能力等。想去外企的同学，好好练练英语；想做产品销售的同学，多关注一下当前市场和技术的发展；想考公务员的同学，看看申论，练练书写……其实对每个人来说，就是针对目标做好查漏补缺。

第四，资料收集。包括相关的笔试经验、面试经验、英语关键词、企业信息等有用的资料。建个文件夹，有条理地放置自己的简历、各公司的相关资料，以及后续投递的各个公司的职位介绍、日程安排、相应简历等，以备查找，这样能节约很多的时间。此外，各个招聘网站和企业的主页都收藏起来。

最后，迎战。在这个阶段，心态决定成败。求职要从容地打一场持久战。开始，有的同学可能因为没有过面试经历而有些忐忑，可以事先投一些社会招聘的公司练练，找找感觉；有的同学则可能信心满满，开始"磨刀霍霍"了。校园招聘开始一段时间后，各种各样的打击就接踵而来，如没有笔试、面试机会，面试被"鄙视"（彤彤比较幸运，面试她的面试官都比较友好），收到拒绝信，等等。特别是当你被一家心仪的单位拒绝之后，打击更大。这时，一定要调整好自己的心态，再接再厉，不要放弃，也不要失去信心乱投一气，失去步调。每次笔试、面试失败之后都要总结一下得失，多跟同学沟通交流，尽快走出困境。彤彤认为，求职路上互帮互助是很重要的，不要因为彼此之间有竞争关系而过于保守。求职是能力和运气综合作用的过程，也不要因为别人拿到一家好公司的录取通知而心态失衡。值得一说的是，要充分利用身边的有效资源，比如师兄师姐、亲戚朋友的推荐，当然你要想清楚那个企业是不是你想去的，否则对推荐你的人来说影响不好。内推要抓住时机，在单位大规模招聘之前比较有利，仪容仪表大方简洁就够了，对技术类岗位来说西装领带不是必需的。

大学是一个展现自我的舞台，只要努力完善自己的知识结构和能力结构，相信具有扎实的专业基础并全面发展的你，会更受用人单位的青睐。记得《周易》里有这样一句话："天行健，君子当自强不息；地势坤，君子以厚德载物。"

只是现在，我们就该为那一天努力。

【亮点点评】

　　彤彤在经历求职历程后对如何找工作有了更明晰的认识。首先便是认识自己，准备定位，而后主动出击。对于如何获取可靠的就业信息这个问题，彤彤同学已经分析得很全面，笔者这里就不再赘述。其次彤彤同学建议求职者要积极进取，保持良好的心态；不要犹豫观望，举棋不定；切忌互相攀比，盲目从众。这些都是求职者在应聘过程中应该注意的，稍不留神，就会陷入心理误区，产生心理障碍，进而影响自己的求职之路。彤彤同学在文中还提到了一份求职简历对应聘者的重要性，因为它是公司评价应聘者学习成绩和工作潜力的依据，因此同学们对简历的制作一定要引起高度重视，并且要如实陈述自己的真实水平，不要瞎编乱造，搬起石头砸自己的脚。

事在人为，有志者事竟成

过去几个月，袁小怡在一家摩托车配件公司实习，并且在实习过程中获益匪浅，并且也极好地完成了自己的实习工作，以下梳理的便是袁小怡的实习体会及感受。

首先让我们简单了解一下这个公司。

重庆市瑞丰摩托车配件有限公司于2004年2月19日在重庆市工商行政管理局大渡口区分局注册成立，办公室地址位于重庆市大渡口区。公司主要面向重庆及周边以及越南地区经营生产、销售摩托车零配件（不含发动机），销售建筑材料（不含危险品）、化工产品（不含危化物品和易制毒物品）、五金交电。

袁小怡最开始和这家公司结识是因为暑假时她一直在给这家公司老板的儿子补习越南语，老板对于她的专业能力还是很信任的。公司虽然和越南客户有着长期的交流合作，但是比较有趣的是两边公司都没有熟悉对方语言的员工，双方进行贸易往来靠的是蹩脚的英文和翻译软件。所以在听说袁小怡在找寒假实习机会的时候，公司老板便向她发出了邀请，工作职位是越南语翻译，并且负责与越南客户沟通、翻译文件等。她觉得这是一个好机会，便答应了。

刚到公司的时候袁小怡还是很不适应，需要补充的行业专业知识太多了，而且公司里并没有越南语关于摩托车方面的资料，所以她每天早上从九点钟开始上谷歌寻找学习资料进行恶补。很巧的是那一段时间刚好有一个越南客户来重庆考察工厂，所以像赶鸭子上架一样，她在什么都还没熟悉的情况下就开始挑大梁。她每天从早上九点工作到晚上十点，同客户与市场部的同事一起去不同的工厂勘察，跟在旁边做随行翻译。

其实日常的翻译是没有问题的，最让袁小怡头疼的就是重庆市场上对于马达型号的称呼和越南方面的称呼不同，而且她连自己公司的产品和名称都对应不上。这个时候市场部的同事和那位越南客户一点都没有为难她，还很耐心地拿着一个一个的马达模型来教她分辨，教她相应的名称，让她对产品逐渐熟悉了起来。现在想起来袁小怡仍然十分感激他们，这次经历让她学到很多，也感受到了他们对她这个职场新人的包容和接纳。

渐渐地袁小怡越来越熟悉公司的环境，也更进一步地了解了公司的主要业务以及业务的处理方法和过程。并且在接待越南客户的两周里，她走访了许多工厂，深入生产的第一线，积累了非常多书本上没有的实践经验，也帮助越南客户成功下单了一大批货物。

在一日日的工作中，袁小怡学会了调整自己的状态，全身心投入到工作中去，并且积极和各位前辈同事进行交流，主动询问，弄清自己不明白的地方，对自己工作的定位也越来越清晰。

因为在实习之前，指导她实习的领导就和她提到过如果有需要可能会去越南出差，所以在春节假期之后，也就是她本次实习的第三周，公司老板带着她去了越南北宁省，考察了那里的市场，然后去了河内做实地调研。在这次考察活动中她主要负责一些日常的翻译工作，对于市场部分的考察她并没有全面参与。

回国之后工厂开始恢复生产，这个时候袁小怡就开始负责联系越南客户，进行订单信息的确认，数据的录入、修改、删除以及统计。这段时期的工作虽然相比之前略微有些枯燥，但她还是非常敬业地认真完成了。并且也是在这个时候，她发现在学校所学的专业课"经贸越南语"派上了很大的用处，因为要将产品运输到越南去，其中牵涉很多比如保险、包装以及出厂价、离岸价等经贸知识。之前在课堂上她只是了解了他们的概念，从未实际接触过，所以这次实习给了她很好的机会让她将脑中的知识化为实践操作，加深了她的了解，并且使她的业务能力、业务水平也得到了很大的提升。

袁小怡的后续工作就是向越南客户汇报生产进度，在生产完毕之后辅助联系物流公司，并且追踪物流进度。在整个过程中她都一直虚心学习，向公司中有经验的员工取经。因为她深知在学校的学习偏向理论方面，特别是这是一个她从未接触过的全新行业，所以她好好把握住了这个机会来加强自己的实践能力。

两个多月的实习很快就过去，在这两个月中袁小怡对外贸业务有了初步的了解，也更深刻地体会到了每个行业都有不被人所知的酸甜苦辣。现在回首那段时光，她真的很庆幸在一开始就接触到客户，毫无疑问，当时她所感受到的辛苦还有疲惫都是让她尽快熟悉本职工作的基石，是她必须付出的东西，而这些东西所给她带来的回馈也是非常值得，每一天都是精疲力竭的入睡，但同时也有着说不出来的充实与成就感。

本次实习经历，对于袁小怡以后的工作和继续深造都是一个很好的平台。

从事外贸看中的是经验，而做翻译也是一样，同时还需要深厚的人文素养与单词积累。经验是一笔丰厚的财富，虽然开始很辛苦，但是未来可期。

实习期结束，在和公司老板谈话时，老板告诉袁小怡，刚进入社会时会遇到很多困难，但人人都是这样走过来的，只要在待人接物上有一颗真诚的心，就一定会收获别人对你的善意。以后的路还很长，要学的还很多，老板希望她能顺顺利利地走好每一步。

总的来说，在袁小怡的实习期中，有开心也有难过，有难忘的事情，也有碰到困难的时候，这些都使她感受到了书本上所学与实际操作之间的差距真的很大，每个行业都有自己的行业术语，如果以后想走专业的越南语翻译这条路还有很多很多需要学习的东西。但是袁小怡相信，事在人为，有志者事竟成。而在未来的人生和工作道路上，她一定会更加努力用心的！

【亮点点评】

小怡在重庆市瑞丰摩托车配件有限公司实习，有很多的见闻和体会。作为一个实习人员，她是称职的，不懂摩配方面的知识，自己就上谷歌找资料进行恶补，向各位前辈同事多多请教；工作时间再长，她都不喊累，咬牙坚持；学以致用，将自己所学的课本知识经过自己的处理消化转化为实践操作，提升了自己的业务能力。这份实习经历虽短，但小怡更在乎的是自己对这份工作的切身体验，以及完成自己的工作后获得的充实感和成就感。虽然从事的是外贸工作，但类比到翻译中来，他们需要的都是经验和积累。这对她以后的人生来说是一笔十分宝贵的财富。

凡是过去，皆为序章

大学四年的时光已经接近尾声，大一刚走进校园时是多么青涩稚嫩，而现在的小杨，经历了这丰富的四年大学生活，变得越来越成熟独立。在大学的校园里，她不仅掌握了专业知识，更锻炼了社交的能力；不仅和老师同学建立了深厚的情谊，更结识了其他专业和其他学校的优秀大学生；不仅在川外受教育，更有机会去所学语言对象国交换学习。这所有的一切让她的大学生活丰富多彩且意义非凡，当然，也为她的求职之路保驾护航。

小杨分享了她的经验，具体来说，大一进校园开始学习专业知识时，就应打好基础，因为良好的专业素养不仅能给你在大学提供更多难得的交流学习机会，更能让你在以后求职时胸有成竹。机会是给有准备的人的，这句话虽然老套，但在大四择业就业过程中，当因为自己的能力水平捉襟见肘，只能错过心仪的工作机会时，就会深深感受到这句话的正确性。对于学语言的学生来说，学好基础更是重要。比如，大一刚开始小杨的发音不是特别好，每次上专业课余留时间她都会主动找老师纠音，一段时间之后，她的发音有了很大的进步，也给老师留下了深刻的印象。大二时，有一个难得的实习机会，老师推荐她去，正是因为平时认真的态度和学习劲头，才有幸运可言。

在准备求职时，小杨认为第一步是先调整心态，不仅要认真积极，提前上网查询求职单位的相关信息，认真准备自我介绍等基本问题，还要不温不火，张弛有度。其次，多看经验帖，面试时的仪容仪表等细节也要注意。比如，小杨在第二轮英语面试时，已经很久没有练习过英语口语的她一开始回答问题时遇到了一些小磕绊，但在后面谈论到一些日常的和专业相关的话题时，她就有意多说一些，让氛围轻松了起来，面试官也开始对她微笑。因此，在面试时绝不能慌乱，稳住节奏，这样反而可以弥补已经出现的差错。多看经验帖的确能为我们提供好的参考，但其中最有价值的是自己的面试经验，大学前三年参加的社团面试和实习面试等都是我们宝贵的经验，当然也可以在求职阶段多选择几个工作面试练习。小杨在大二下学期的时候曾参加外交部针对小语种人才的遴选考试，在考前学校组织过面试培训，在实战中小杨也曾独自面对 6 个外交部考官。这样的几场面试，无疑丰富了她的经验，也提高了她的胆量，所以要尽可能抓住机会锻炼自己。当然，如前面所说，学好专业课是获得一切机会的基础。

在求职的过程中，我们遇到的笔试和面试的难题，解决的办法主要来自平时的学习积累和应变能力的培养。但是也会遇到一些问题，比如在几份工作中做选择，想要面试另一份工作，又觉得自己已经有了着落，所以没有全力以赴认真对待；或者是，同时面对挑战更大的选拔，信心不足，导致错失等。小杨在求职时，也曾面临相似的情况，面试的第一份工作，她认为自己十拿九稳了，第二份工作的面试她完全是抱着体验国企考核的心态去的，她当时觉得自己过不了，但因为她内心很渴望这份工作，所以还是非常认真地对待考试。在笔试和面试过程中，她有几次都觉得自己表现得很不好，但她还是没有破罐子破摔。最后，第一份十拿九稳的工作没争取到，第二份工作反而通过了，并且在同去考试的二三十名考生中，只有她一人幸运通过。因此，平时的积累和认真的态度是非常重要的。

此外，求职的过程让小杨对学校和社会有了更深的体会。"书到用时方恨少"这句话是小杨感触最深的，平时老师让学的一些拓展知识，总觉得不会考，没有用，直到走上更大的平台才知道，没有无用的知识，这个社会也许不要求全才，但是会的越多机会越多是真的，彼时才体会到老师们的良苦用心。比如，小杨在求职时，选拔由笔试和面试两部分组成，内容均涉及英语和专业语种的考察。笔试越南语的内容主要是翻译，涉及很多电力领域的专业用词，她本来觉得无法应付，但在实际答题的过程中，她发现在大四的高级翻译课程学到的翻译基础和技巧对她的作答起到了非常大的帮助，甚至一些时政性的常用语都是老师平时要求他们烂熟于心的。一场考试下来她心里感概万分，既感谢老师的谆谆教导，又后悔自己没有早一点在上学时体会到老师们的用心，错失了很多学习的机会。再者，在激烈的求职竞争中，她也感受到了社会残酷的一面，再回首校园生活，不禁感慨，大学单纯美好的时光就要结束，同学们即将分散各地，开启自己的职业生涯。

凡是过去，皆为序章。大学的所有收获为小杨开启了走上社会的新篇章，她非常感谢老师们的教导和同学们的陪伴。以后走上职场，更多的可能是自立自强，单打独斗，大学校园给予她的爱与温暖，知识与力量都将支撑着她学习不止，进步不止。小杨相信努力拼搏，脚踏实地，一定可以搏一个美好的未来。

【亮点点评】

1. 小杨同学在一开篇就提到学好自己专业知识的重要性，因为捉襟见肘的专业能力只能让你错失心仪的工作机会，或者在更好的机会面前望而却步，因此告诫广大毕业生，一定要从大学入学初，就重视自己专业知识的积累以及专业素养的培养。

2. 小杨同学一直保持着良好的心态，并且从各类经验贴中汲取了很多有益的东西，加之自己在大学期间的多次面试经历，极大地丰富了她的经验，也锻炼了她的胆量。

3. 小杨同学能抓住机会，获得第二份工作的录取，首先得益于她内心对这份工作的渴望，再者就是她全力以赴认真对待工作的态度，这两点使她从30多名考生中脱颖而出。

在 路 上

曾经在求学时代的遣词造句中用过很多次"时光飞逝",然而在很多时候并不能真正感同身受。甚至在拍集体毕业照的时候,阿娟的心情也没有太大的波动。但当熟悉的同学们穿上学士服笑着闹着拍照留念时,她才真真切切地意识到:自己的大学生涯快结束了,似乎真的到了该说再见的时候。没有哪个港湾是永远的停留,四年青春匆匆掠过,阿娟不禁思考,它带走了什么,又留下了什么。

在机缘巧合下,阿娟来到了川外学习阿拉伯语。初学阿拉伯语时,她的确感到有些困难。都说"三百年的阿拉伯语",打基础的那段日子要付出更多努力,回过头来现在也很感谢当初的自己没有轻言放弃。临近毕业,她也即将告别校园开始职业生涯。回忆起自己的求职过程,一路走来其实并不平顺,看见周边的同学、朋友相继拿到多个公司的录取通知以及签约的时候,她也曾陷入焦虑乃至自我否定。不过她尽快地调整了心态,以积极的心态继续面对求职,最终也找到了自己的目的地。在此,分享阿娟的一些求职经历,希望今后的毕业生可以从中汲取经验,少走一些弯路。

和高中生活不同,大学生活是更加轻松的,除了大一课程会稍微多一点,大多数时候都有不少的闲余时间,有的同学认为大学离开了家长的束缚和学业的缠绕,就开始了追剧追星生活,殊不知却浪费了学生生涯最后的宝贵时光。大学的学习往往需要更多的自觉性,尤其对于学习语言专业的同学来说,课前的预习和课后的自习往往是必不可少的,这样才能更好地接受和掌握每节课的新知识。阿拉伯语不同于西班牙语这类和英语比较类似的语言,对于阿娟她们来说连书写都是从零起步,大学四年本就不太能够将阿拉伯语学精,无论是为了就业的竞争力或是考研来说,都应该在课下再投入更多的时间和精力去自学。就阿娟而言,在大一刚入学时,面对一大堆课程和社团活动,再加上如天书一般的"蝌蚪文",她也一度陷入崩溃。但是她及时调整了心态,规划好了自己每天的安排,将碎片化的时间集合起来,简单来说就是把干每件事的效率提高了,这样她的学习也渐渐步入了正轨。凭着还不错的成绩,她也获得了校级一等优秀奖学金及国家公派留学名额。

正如上面说到的,在学习之外大学生也应该参与更多的社团活动和兼职活动。都说大学就是一个小社会,那么社团就是大学生的第一个任职公司,在社团里你不仅可以学习到工作和交际的经验,也可以认识到更多朋友,这对将来的就业等都有很大的帮助。在院学生会作为干事工作一年后,阿娟当选了学生会副主席。在找工作环节,社团的职称和社会经验也给她的简历润色了不少。

实习经验在工作面试时同样重要,一般简历筛选环节上面试官就会比较偏好有相关工作经验的,即使你的成绩不算太优秀,也会因此脱颖而出。对于大三不出国留学的同学来说,大三一整年都是很好的实习机会;对于准备出国的同学来说,就要抓紧大三回国的假期。当然如果足够自信的话也可以凭借学习上的硬实力。同时一般面试时面试官也会针对你的实习经历提一系列问题。

在求职之前,最重要的就是准备好你的简历。简历的编辑尤其重要,这是面试官在见到你本人前的唯一印象。无论是内容,还是格式排版,都是同样重要,你需要在一张纸上尽可能简短地展示出自身的优秀。对于比较优秀的同学,可能一页简历不够容下你的荣誉,就可以选择一些比较有代表性的,或者是用比较规整的格式列举出来并把最重要的一些荣誉凸显出来。对于成绩一般的同学就可以突出自己在其他方面的一些成就,或者在某些地方稍微润色一点,但是也不能太脱离实际,因为在面试时回答不上面试官的问题就得不偿失了。面对特定的工作岗位时也可以调整下自己的内容,比如面试客户经理或销售等岗位时,就着重体现出自己社交方面的经历。

面试的大致流程一般分为:网申、宣讲会、现场投递简历、在线测评、人力资源面(群面)、专业技术面、终面。简历筛选就是看你的简历和岗位的匹配程度和你自身的优异程度,阿拉伯语的很多外派岗位可能会刷掉大部分女生,但是这也是专业的常态,希望广大女性应聘者不要因为被几次拒绝而击垮。群面也就是一面,是大部分公司都会有的环节,同时也是第一次面试的同学最害怕的环节,群面往往会把面试者分为两队,并提供一系列题目,先让每个人自我陈述,在短时间讨论后选出一名发言者发表意见,后面面试官再随机提问。这个环节所体现出的是你在团队中的作用和表现力,这对于很多同学来说都是一个很大的挑战,对于阿娟来说也是一样。在第一次的群面中,面对问题她显得有些不知所措,在陈述阶段就已经乱了手脚,后面也因为在团队中发挥不太出彩而被淘汰。群面环节说难也难,说简单也简单。因为这个环节是一个熟能生巧的部分,练得多了,自信也就上去了,好的习惯也养成了。但是在自我陈述阶段一定要表现得条理清晰,不紧张。如果你比较适合当领导者,你就可以毛遂自荐，但是一定要拥有相当的把握才行，往往面试官会比较关注这个位置，你表现得好会得到注意。如果你觉得自身不适合去当发言总结者，就可以选择作为计时者，提醒大家讨论和解决问题的时间分配，或者是其他岗位，不必出彩，但是也不能以一言不发。

总的来说，求职是一个很随缘、很漫长的过程，有些人可能一下子就能找到自己适合的工作，有些人也可能很优秀却一直没有人赏识。当求职者碰了壁，就要总结失败的经验，争取抓住下一次的机会。在找工作的过程中，要有自己的大概方向和目标，对自己的能力也要有个大致的评估。在结合自身条件下多关注各种渠道的就业信息，多投简历。抓住最早的一批秋招岗位，就算失败也没有关系。因为经历过面试之后，对接下来的自己真正中意的意向企业的各种面试形式就都有了经验，不至于败在面试技巧上。最后，不妄自菲薄，也不能心气太高，否则可能最后一无所获。要懂得在茫茫大海里找到属于自己的岛，并且竭尽全力去准备、去上岸。

在川外留下青葱岁月的回忆，带走一如既往的初心和坚持，继续在不同领域奋斗以实现自己的价值，川外人，一直在路上。

【亮点点评】

1. 大学阶段，由于同学们所学专业难度大小不同，所以在学习时间的分配上也有所不同，相对于高中而言，大学确实相对轻松点，空闲时间多点，但对于语言类专业的学生来讲，大一正是他们打基础的阶段，是学习语言的黄金时期，一定要好好把握这段宝贵的时间。

2. 阿娟同学提到了在社团和学生会任职的必要性（锻炼能力，结识朋友），以及实习经验的重要性（公司偏好），并提醒了有些大三年级留学的同学抓紧回国后的暑假时间积极投身到实习实践中去。

3. 阿娟同学的简历制作中规中矩，并提出了许多细节的地方，值得我们借鉴学习；对于面试过程的经验分享，阿娟同学告诫广大女性求职者要锻造自己强大的内心，不能被几次拒绝击垮，并就群面给出了自己的经验总结，很具体，也很实用。

抓住你的黄金时代

"你拥有青春的时候,就要感受它。不要虚掷你的黄金时代,不要倾听枯燥乏味的东西,不要设法挽留无望的失败,不要把你的生命献给无知、平庸和低俗。"王尔德的这段话,从高中起就开始鞭策宜琳。但到大学,经历这三年的时光,她才真正明白什么是"黄金时代"。他们这一代人年轻、活力,多数人身体健康、衣食无忧,大部分校园外的压力有父母、学校替他们承担,有大把的时间去做想做的事。如何抓住大学这个黄金时代,在迈入社会前,实现蜕变成长呢?以下便是笔者整理的宜琳的三年大学经历及收获体会。

一、关于目标,不要停下奔跑的脚步,在经历中找寻目标

宜琳和很多人一样,刚刚步入大学时,内心激动,感觉来到了一个新的环境,即将开启新的生活。但这个新的生活从哪里开始,却很迷茫。"英语四六级什么时候考?我要不要也参加一个社团或学生会?大家都找了兼职,我要不要也去锻炼自己?计算机二级证,普通话考试我要考吗?",等等,关于学习、考级和考证,选择众多也让人无从下手。宜琳的建议是在保证专业学习不耽误的情况下,选择一到两项参与即可,尝试着在学生会和社团工作。专业学习无论何时都是本,其他活动是末,切勿本末倒置。优秀的专业成绩不仅可以带来奖学金、各种竞赛加分和荣誉,而且决定着未来考研的推免名额,面试时也是学习能力强的体现。

其他活动的经历,不仅能让你积累经验,也能确定自己未来的方向,如就业还是考研。宜琳三年前没有想到自己毕业后是直接就业,还是从事与自己专业完全不相关的岗位。在学生会三年的工作中,她从小小的干事到团总支副书记,她始终对各种各样的晚会和比赛活动充满热情,在积累了满满的活动策划经验的同时,也找寻到了自己未来发展的方向。大学生,你可以迷茫,可以疲惫,可以崩溃,但应擦擦眼泪,继续向前奔跑。

二、关于朋友，与优秀正能量的人相处，共同进步

三年大学生活，让宜琳感触最深的是有幸和一群优秀的人做朋友。现在的他们，有人进了外交部，有人保研成功，有人将自己的兴趣变成特长。而他们认识熟悉起来的过程，是大一大二时期大家组队参加实践周的各项比赛，既收获了一张又一张奖状，也拥有了这样一群朋友。在无数个崩溃难过的夜晚，他们互相鼓励。在他们的黄金时代，留下最美好的回忆。

三、关于实习，不要害怕大公司，勇敢尝试

对于想要就业的同学，宜琳认为大三结束后的暑假是找寻一份正经实习的关键时期，也请尽量尝试投递简历到大公司。

心态上，自信不畏难。面对大公司，有的同学通常会有不自信的心理，认为对方会有很高的学历门槛，但其实大公司对于普通高校的优秀学生也非常欣赏，也会为实习生提供非常多的岗位。

时间上，先下手为强。制作简历、投递公司、线上笔试、面试、签合同，这样一套流程通常会持续一到两个月，这就意味着大三下学期开始就要着手准备。

信息收集上，大公司通常有自己的招聘微信公众号，会及时推送招聘信息及公布投递简历的通道，而对自己专业所能去的公司或岗位很迷茫的也可以关注一些帮助就业的公众号，如"实习僧""爱思益求职""外语好工作"，等等，或者多和同学朋友交流，大家互相分享就业机会。

四、关于面试，抓住时机，学会复盘

2018年4月初，做完线上笔试题后，宜琳有幸收到了一家大公司的面试邀请。本着学习长见识的心态，她当即买票准备去广州参加面试。在广州喜来登酒店看到来自各个地方各大高校的成百上千同学为那一个岗位竞争时，宜琳不禁感叹就业的残酷，这也激发了她的斗志。宜琳关于面试的经验有三：一是面试前认真准备两分钟或一分钟，最少三十秒的"中英阿"自我介绍，可以参考网上面试过前辈的经验，对面试流程提前熟悉，针对讨论过的案例自己进行分析，并准备一些类似案例。针对第二轮单面的常规问题，如你的优缺点？你对公司的了解？你未来的职业发展规划？都是可以提前准备的。二是在面试中自信大胆，积极发言。不受环境影响，大胆发言陈述，在分组讨论中尽量做领导者或总结发言的角色，同时讲话时面带微笑，与面试官有眼神交流非常重

要，很多时候的面试官讲究眼缘，好的印象会给予面试者一个留下来的机会。单面时，面试官会充分挖掘简历信息，应聘者要做到语言诚恳，不要撒谎隐瞒。三是面试后的复盘，总结面试中的优缺点，逼着自己去复盘，总结经验，这是让自己成长起来的好方法。

五、关于转正，高标准严要求，才能走捷径

很多人说在找工作中，通过实习转正拿到录取通知是条捷径。确实，提前拿到录取通知也会让自己在大四"金九银十"的招聘季中有更多的选择，但这需要对自己高标准严要求，在一群实习生中当佼佼者。工作上，接手的每一个任务，无论任务大小、难易，都认真且高标准去完成，当然这也通常意味着加班。学会总结陈述，无论是转正答辩还是以后的日常工作，学会将工作总结以PPT形式呈现，掌握演讲展示的相关技巧和能力，都是必要的。职场中的人际交往也是重要的一环，通常公司会配备指引新人实习生的导师，要做到谦卑虚心，向前辈老师学习。

在暑期实习的每一天，宜琳都在怀念大学时光的美好，在这里有陪伴她的朋友、支持她的家人，肆意挥洒的大把青春时光，这是他们的"黄金时代"。但愿他们都能不辜负这样的花样年华，用脚踏实地的努力留下最美的回忆。

【亮点点评】

我们从目标、朋友、实习、面试、转正5个方面了解了宜琳的经验和认识。宜琳的大学生活确实可圈可点，丰富的校园实践培养了她自信而不张扬、谦虚但不怯懦的性格，她是一个既有责任担当，又有温暖情怀的优秀人才。

相信未来的路将更加精彩，愿所有不辜负"黄金时代"的学子们心中有梦想，脚下有力量，未来有方向，活出自己想要模样！相信比别人多一点努力，你就会多一点收获；比别人多一点志气，你就会多一份出息；比别人多一点执着，你就会多一份运气；比别人多一点坚持，你就会多一份奇迹。加油！

不打无准备之战

时光匆匆，大学四年也是一晃即过。可能就是在你没有意识到的时候，你就已经要奔赴"战场"，或是考研，或是工作，或是考公，又或是出国，等等。但是不管选择哪一条道路，都要心中有数，提前做好自己的安排与规划。

大学四年，小林的生活主要分成了三个阶段：提升自己的专业能力、实践与实习、求职。

"问渠哪得清如许，为有源头活水来"。大学选择了一门专业，那么就要让自己的专业成为自己的金钥匙。大一大二的确是不断充实自己、提升自己的最好阶段。在这两年，小林将自己的精力主要用于阿拉伯语学习，打好专业知识的基础，努力使它成为自己的一块敲门砖。在学习之外，他参与了一些校园实践和社团活动，加入了自己感兴趣的协会。从中也学到了一些策划、沟通方面的技巧。

"纸上得来终觉浅，绝知此事要躬行"。大三一年，小林将自己的所学用于实践，并在实践中提升自己。他也很幸运，自己获得了国家公派留学资格，前往阿尔及利亚进行了为期一年的交换学习。在这一年时间内，他自己的语言能力，尤其是口语能力得到了很大的提升。通过课堂、交流和切身体验，他也对当地社会的文化、习俗、社会现状等有了一定程度的了解。这不仅可以拓宽自己的视角，而且也是相关行业的重要从业条件。就拿当下出海的国内互联网公司来说，它们需要精细本地化的运营和深耕，而语言只是工作的工具，制定决策或者进行相关策划就要求对当地的文化与背景非常了解，所以这方面的学习和经历就显得非常重要。

即将回国的那段时间，为了让自己整体更具有竞争力，同时也是为了让自己真正运用到所学的知识，小林计划在暑假进行实习。他当时选择的是一份中东跨境电商的相关实习岗位。这份实习经历使他收获颇多：他对自己的兴趣爱好更加明晰，也明确了后期求职的一些方向；它还锻炼了他的语言水平能力、沟通能力和策划能力；同时因为自己优异的表现他获得了转正的资格，所以这也是一个非常好的机会；实习之后自己的简历可以显得更加丰富饱满。

"长风破浪会有时，直挂云帆济沧海。"在实习结束之后也就是九月份中旬，小林回到了学校，这时学校的秋招也正式开始。小林的求职过程不算特别漫长，但也不是特别顺利，在这段经历中还是碰到了不少的坎坷和问题。结合小林自己和他的朋友们的经验，总结如下。

1. 英语口语面试。海外销售岗80%的情况都会有一个英语口语面试。一般来说都不会太难，但是如果没有提早准备，场面会相当尴尬。面试官比较常问的问题有"用英语自我介绍""用英语聊一聊自己的优缺点""说一下自己对公司的了解""为什么要应聘这个岗位""现场用英语推销某一件产品""让你印象最深刻的事情"等。所以需要求职者提早准备起来，就算英语口语不是很好，也不至于让场面显得非常尴尬。而且还要敢于去说，千万不要不说，不说是最错误的。很多时候面试官不仅是考察你口语水平，还看你是否敢说。当然如果能尽早把英语口语抓起来，那就会更有优势。

2. 要能很好地表述自己的社团经历和实习经历。小林第一次面试时，心里比较紧张，加上之前没有什么面试经验，对于整体的简历的梳理以及面试官的常用套路都没有很好地去了解，所以当面试官问到常规问题"你能给我介绍一下你的实习经历吗？"的时候，小林整体的回答显得磕磕绊绊。虽然那些事情就在他的脑里，他也清清楚楚地记得他做了一些什么，但由于事前没有准备，就会导致现场的紧张和混乱。所以在这场面试之后，小林有针对性地对自己的简历进行了梳理，其中包括"哪一项工作内容让你印象最为深刻""你主要负责的内容是什么""你在工作中遇到过的最大的挑战是什么"，等等，做到对自己的相关经历有自信、有条理地表达。

3. 要有清晰的方向。其实这也是很多人都会碰到的问题。对于自己想要从事的行业没有一个特定的方向，到了秋招的时候就会像无头苍蝇一样，看到宣讲会就跑，却不知道自己真正感兴趣的方向和真正适合自己的工作，这会给自己造成一定程度的困扰。因此一定要静下心来，好好了解自我，知道自己真正想要的工作是什么，提前充分地了解相关行业，了解公司的文化和自己的发展前景，才能更有针对性地去找适合自己的工作。

在找工作的这段时间里，小林主要关注了以下几个招聘渠道的信息：

第一，必须要关注的是四川外国语大学招生就业处公众号。该号每天晚上都会发布第二天的来校企业，包括需求的专业、时间和地点等，可以据此提前安排好自己的时间。

第二，辅导员每天在年级群发布的各种招聘信息。所以每天都要浏览年级大群的相关信息，及时关注大群的动态和消息。

第三可以关注一下重庆大学就业、西南大学学生就业指导中心等附近学校的招聘信息以及西安外国语大学、大连外国语大学等这些外语院校的就业招聘动态。来外国语院校招聘的企业基本都差不多，由此可以大致了解一下今年的情况，等到自己心仪的企业来校时，就可以有一个比较充分的准备。

第四就是自己心仪企业的招聘公众号。本年度有招聘计划的企业在八九月份甚至更早的时候就会在其招聘公众号发布接下来的宣讲以及招聘行程，可以提前行动，结合相关公告和自己的时间做下一步的准备。

最后，整个秋招过程漫长且坎坷。所以一定要放平心态，不要因为不顺而怀疑自己的能力，也不要对自己失去信心。能够从失败的面试经验中汲取教训、总结过去、向往未来、迎头而上，最终找到最适合自己的企业，才是最好的结局。可以找一个一起作战的好朋友，一起鼓励前行，互相交流每次面试的经验教训。在秋招不顺的时候，可以和朋友们谈谈心、聊聊天，舒缓一下自己的压力，第二天继续战斗。

做好一切的准备，最适合自己的总会到来的。

【亮点点评】

小林同学能够顺利就业最重要的一个原因就是他有清晰的职业生涯规划，他将大学分为了三个重要的阶段，那就是提升自己的专业能力、实践与实习和求职。在合适的时间做合适的事儿，把每一阶段都做好，做到极致，必然会有成果。

小林在大一和大二时候给我的印象就是一个专心学习的人，大三留学期间他就在跟我请假要去实习，暑假结束后再次见到他，我感觉他成熟了很多，不再是只知道专心读书的学生，而是有着一定阅历和见解的"准职场"人了。孔子讲"凡事预则立，不预则废。"让我们成为一个有目标、有计划的人，不断学习、不断进步、实现自我，拥有成就感和价值感。

第二篇

考研达人篇

关于奋斗的回忆

此时坐在书桌前的小婕所感受到的平静和闲适，是半年前正埋头于备考的她所奢望且无法企及的。当她回忆起自己的考研经历的时候，才突然发现那段在希望与绝望之间游走的时光早已远去，但却留下了一段无法忘却的、可以将之命名为"奋斗"的回忆。

大三下学期，小婕从越南留学半年归来，兴奋但却迷茫。回到学校，她面临的是被排得满满的课表，是任务量更大的课前准备要求，是更多的、更难的课后练习。相比之下，她在越南所谓的留学更像是一次度假、一次浸入式的语言学习。大一大二的课程安排突然显得格外可爱，尽管之前她也都有小小的抱怨过。各种专业课接踵而至，她努力消化每一个知识点，努力去适应国内的课程进度安排，那个时候她并没有萌生出考研的念头。但在一次写作课上，任课老师突然问道："我们班有几个同学准备考研啊？"有几个同学率先说出自己要考研的想法，小婕看着他们认真且坚定的样子，羡慕极了。对于将来的安排，她似乎从没有过什么明确的想法，自然地进行着考试、升学、考试这样的人生安排，但就在那一刻，她突然明白自己之后要继续怎样的人生：考研。

其实小婕的这个念头并不是一时兴起的。大一大二时，她曾经陷入了一个自我怀疑的怪圈：为什么选择学越南语？学越南语有什么用？为什么不能成为学得最好的那个人？难道我不适合学越南语？……在这样的自我纠结之下，她反而忘记了最重要的其实是努力去学习，去领会每一个单词、句子。在越南留学的时候，她忐忑但满足，在与每一个人交流之前紧张是不可避免的，但在交流中能实际运用到之前学习到的内容真的是太令人愉悦了，每一次交流、学习都是新旧知识交替出场，每次都让她隐隐体会到学习这门语言的意义。回到大三下学期的紧张学习，繁多的课程安排背后代表着更多更充实的学习内容，适应了这一切的节奏之后，小婕第一次体会到了学习这门语言给她带来的满足感以及有了要继续深入学习的念头。当听到她周围响起的每一个坚定的回答，她知道她也要有这样坚定的态度去做一个正式的决定：考研，继续学习越南语。因为当她体会到学习这门语言的乐趣后，她不想就此终止它。对于感兴趣的问题，她并不想浅尝辄止，想继续探索、继续发现更多的东西。

因为种种原因小婕在大四国庆节收假之后才正式开始备考，一方面她要完成正常的课业要求，另一方面她要在短时间内为考试做好准备。那段时间除了在教室正常上课，小婕就是一直闷在宿舍里埋头于参考书中。让小婕稍微能缓解一下自己的焦虑情绪的是，她相信她的英语不需要占用额外的时间去准备。大一大二的英语课保证了她在全力学习专业课之余，还能对英语有熟悉感，不至于把之前长达12年的英语学习荒废掉。通过了大学英语六级考试之后，因为是外国语院校的学生所以她有了可以参加全国英语专业四级考试的机会，小婕也在大二下学期的准备之下有惊无险地通过了考试。也就是这段系统的备考经历让小婕不至于担心考研时要面对的英语试题，所以一切努力对于将来的安排都是有用的。至于政治的话，其实她每一次翻开政治的知识点精讲书，都会怀着一种悔不该当初的感情：为什么大一大二的时候自己没有好好听思修课？所以，从一开始就抱着端正的态度对待每一个学科、好好学习是没有坏处的，所学的知识都会在将来某一个时刻使你感到受益匪浅。专业课的备考小婕也只是完成了参考书目的学习而已，平时坚持正常地去上每一节课、好好完成课后的练习。考完试之后才发现平时的每一次练习、每一个课后作业都给了她很大的帮助，其实不管参考书是什么，知识点是固定的，它不止存在于有限的那几本书中，而是早就在平时的学习中出现，你是否能注意到它，并且去了解它，这才是考试要考察的。

大学四年小婕看到了很多，学到了很多，也收获到了很多。人生的每个阶段要做每个阶段的事情，但只要做好了相应的准备，就能镇定地对待明天。不管以后的生活会是怎样，小婕希望我们都依旧能不失去方向，不迷失自己。不管面对怎样的选择，方向是最关键的，只有真正知道自己想要的是什么，想要过的是什么生活，才会努力去奋斗。大学这4年，她虽然过得平平淡淡，但却很踏实。学到了很多东西，学会了反思，学会了包容，学会了达观，这样就够了。在大学生活谢幕之时，小婕想对这个校园最后由衷地说一声"谢谢"。

【亮点点评】

小婕同学仅用3个月的集中准备，就从竞争激烈的考研大军中脱颖而出，考上了川外的研究生，真是何其幸运！然而仔细品读她的故事，却会发现她的成功绝不是偶然。"成功属于有准备的人"真的不是一句空话。

首先在本专业上的学习上，她大一和大二的时候就打下了坚实的基础，从每一次的课前准备，每一堂课的认真投入，到每一次课后练习的用心掌握，为她在后期专业课的冲刺打下了坚实的基础。

其次她一直没有放弃过英语的学习，从大一大二的英语学习，到大学英语六级的顺利过关，以及英语专业四级的一次性通过，都表明她在英语学习上的坚持与执著，这是非常难能可贵的啊！

最后，考研对大学生而言是一个重大的决策，怎么做好这个决策，以及决策之后的执行力如何，是保证决策成功的重要条件。显然，小婕有着清晰的自我认知，即对个人自己兴趣、能力、价值观及人格特征等方面认识和主观评价。这对她敢于接受挑战，并在短短3个月做好备考并取得成功的重要前提。

一颗赤子之心，一路乘风破浪

光阴似箭，转眼间，四年的大学生活就要画上句号了，刚入学时激动和迷茫的心情仿佛就在昨天。而现在，小格即将离开校园，踏上一段新的旅程。回首往事，丰富多彩的大学时代将永远定格在记忆中的画面里。大学四年对她来说是不平凡的四年，是收获的四年，是不断汲取养分的四年，是成长的四年，更是值得回忆的四年。马上就要毕业了，毕业，对于小格来说是一个阶段的结束，也是另一阶段的开始，是她迈向另一征程的起点。

回顾这四年，对小格来说，收获是多方面的：专业知识得到了极大的丰富，学习、工作、人际交往能力得到了很好的培养，思想政治素质得到了很大的提高，同时也提高了思考问题的能力丰富了自身的人生经验。

大一刚入学时，小格通过军训锻炼了坚强的意志，立下了大学时期的目标。在学习方面，她勤奋学习，刻苦用功，态度认真，努力钻研，具备了扎实的专业基础知识。她觉得学习的进步，不仅要靠自己，也要靠老师的答疑解惑、班集体同学们的互相帮助。在学习之余，她还积极加入了院学生会、韩国文化协会、川外学生之家等社团，努力提高自己的交际能力和综合素质，并在社团活动和学习之间找到了平衡点。

大二时，小格开始了对自己职业生涯的规划。通过一年的学习，她已经爱上了自己的专业——朝鲜语，并且想要在本专业进行更深层次的探究。于是她更加努力学习专业知识，了解韩国文化，为大三的出国交换打下了坚实的基础。与此同时，通过党课的学习，她的思想政治素质也得到了很大的提高，小格注重理论联系实际，解放思想，实事求是，求是创新，与时俱进，发扬自己的优点和改正自己的缺点。能够从失败中总结经验教训，不断地提高自身的综合能力。小格坚持共产主义远大理想和社会主义的坚定信念，树立了正确的世界观、人生观和价值观。

大三，小格通过半年的公费交换项目去韩国开阔了眼界，并巩固了专业知识。此外，这半年的异国生活更是加深了她的爱国之情，小格了解到，正因为祖国的强大，我们中国人在国外才能过上安全舒适的留学生活。回国之后，她更加严格地要求自己，坚持把学习作为自我完善和提高的重要途径，既积极参加学校和班集体组织的活动，丰富自己的业余时间，又作为班上的宣传委员兼组织委员，努力为同学们服务。

小格认为，不论是求职还是求学，最重要的就是要搞清楚自己喜欢什么，想要什么。大学选择学朝鲜语是基于她的个人兴趣，并且在学习过程中她感受到了快乐，产生了继续深造的想法。如果本专业不是你的第一志愿，或者你对其他领域更感兴趣，就千万不要在这一棵树上吊死。人生只能活一次，选择自己真正的热爱并且坚持下去才能活出自己想要的人生。不用慌，我们有大学四年的时间去尝试、去体验，慢慢探索自己想要的究竟是什么。对于小格来说，继续攻读朝鲜语关联的硕士主要有以下几个理由：一是她喜欢（非常重要）这门语言，二是可以通过提高学历来提高个人竞争力（求职），三是可以换个环境读书，体验新环境，开拓更广的人脉圈（社交）。在搞清楚自己想要的方向之后，再细细规划。与朝鲜语相关联的硕士专业有朝鲜语语言学、朝鲜文学、朝鲜语口译、朝鲜语笔译，等等。小格个人性格比较外向，喜欢与人打交道，反应较快，所以她认为专硕比学硕更适合自己，口译比笔译更合适自己。下一步就是选学校了。开设了朝鲜语口译这门学科硕士点的学校主要集中在北京、上海和东北三省。结合地理位置和个人职业规划，她选择北京或上海的院校。后来在细看院校的招生简章时，她发现上海外国语大学高级翻译学院开设有"中朝英口译"方向的学科。众所周知，在水平相差不大的情况下，多会一门语言就是多了一块敲门砖，英语作为全球通用的语种，可以大大增强我们的个人竞争力，所以小格把最终目标定在了这里。

大四，小格幸运地获得了推免资格，并考取了上海外国语大学高级翻译学院中朝英口译方向的研究生，这离她的梦想更近了一步，让她下定决心一定要加倍努力，在未来成为一个对国家、社会、人民有用的人。大四下学期，小格来到上海参加实习工作，通过两个多月的实习，她不仅学会了很多工作上的知识，还了解到了社会的法则。她深知社会才是检验自身能力的真正考场，明天的辉煌靠的是今天的奋进，未来既充满了机遇，也充满了挑战，但是她明白，人的一生不可能每天都有阳光普照，所以无论何时都要以一颗豁达开朗的心去面对每一个挑战。她深信通过自身的不断学习和提高一定能够在工作中发挥个人的专业特长。没有做到最好，只有做得更好。

4年的时光一晃就过去了，但这4年里的收获让小格受益一辈子，在今后的学习和生活中，她也会不断提高思想认识，完善自己，改正缺点。以一颗赤子之心，一路乘风破浪！

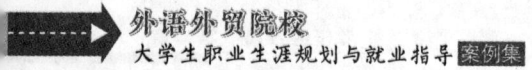

【亮点点评】

小格的经历,给我印象最深的就是"做自己喜欢做的事情"。对于大学生而言,在大学阶段通过有计划的自我探索,能对自己的兴趣、能力、价值观有比较清晰的认识,真的是一件幸运的事。小格就是在了解了自己喜欢朝鲜语专业后,在一步一步的计划和行动中靠近了目标,并取得了成功。

现实中我们看到的更多案例是很多大学生,大学四年都没有认真考虑自己到底喜欢什么,能做什么,什么对自己来说才是最重要的。这往往导致机会来临时迷茫,甚至会在仓促间做一些决定,过后又后悔不迭。

结束，新的开始

时光荏苒，转眼间四年的大学生活即将画上句号，曾经懵懂无知的少年渐渐长成富有担当的大人模样。四年，似乎很长，但此时舒欢却觉得它是如此短暂。回首这四年，有欢笑，有悲伤，有苦恼，也有喜悦，舒欢每天都和身边的朋友分享着她自己的喜怒哀乐。大学生活很美好，但真正地过好大学生活也不是一件容易的事。

舒欢是四川外国语大学2015级的学生，现在已经成功考取北京第二外国语学院（以下简称北二外）朝鲜语口译专业的研究生。她告诉我："之前三年的大学学习、生活以及老师、同学们对我的关心在我备战考研时期有很大的帮助。"舒欢还记得刚入学的那个夏天，炎热却又充满活力。初来乍到的舒欢对大学里的一切都感到新奇，但是也不免有一丝迷茫，不知道自己该做什么。正赶上院学生会在招新，舒欢抱着试一试的心态去组织部面试，却没想到竟然成功了。在组织部的那一年，给她带来了很多宝贵的东西，使她有机会接触更多的人和事，从不适应到适应，从陌生到熟悉，从只身一人到团队协作，让她对待工作和学习更加细心、更加有耐心、更加有责任心，这也培养了自己的自信心。无论从哪个方面讲，这段经历都让她受益匪浅。虽然大一的课业很繁忙，但她回想起来觉得那一年真的是很充实的一年。因为是刚刚接触一门新的语言，发音学习对那个时候的她来说很重要也很困难，所以每一位老师都很严格地纠正她的发音，批改她的作业。下课回到寝室完成作业后，舒欢会和室友们一起读课文、背单词到深夜。快到年末，既是要准备期末考试的时候，也是学生会要准备晚会最忙的时候，这两件事撞在一起也就让他们忙得不可开交。当忙得很烦时，舒欢也会抱怨为什么所有事都搅到一起，不过她现在回想起来，还是觉得那时候是很充实很有意思的，只是当时没有珍惜那段时光。随着学习越来越深入，她开始后悔以前为什么没有再努力一点、再认真一点学习。所以当她决定要考研的时候，目的很简单，就是想要让自己把朝鲜语再学好一点，让自己变得更优秀一点。

舒欢是从韩国留学回来之后决定考研，并从大三下学期开始准备的。考研的日子是一段沉默的时光，是一段付出了努力和汗水、不抱怨、不诉苦、日后想起来连自己都会被感动的时光。要知道，考研不是盲目的跟风，也不是逃避找工作的借口，而是给自己精确的定位和足够开始的理由。考研成功不是一劳永逸的开始，也不是投机取巧的幸运，不要抱着侥幸的心理觉得自己大概学学就能成功。一定要制定一个明确的目标，它会是自己前进不懈的动力。

首先需要确定自己的目标院校和目标专业。舒欢觉得学校的选择要根据个人追求和自己大体的实力水平进行衡量，确定好目标院校就尽量不要换，因为复习要根据所定学校进行。在她定好学校后，就联系了所报考学校相应专业的一个学姐。学姐给了她北二外过去几年的真题和复习资料，这位学姐不仅在专业课的复习上给了舒欢很多有效的建议，而且给了她一些北二外朝鲜语专业的教材，这对她考研也是有很大帮助的。接下来就是加入一些北二外的复习群，利用"考研帮"等 App 找一些研友交流也是很有用的。

其次就是复习。舒欢觉得复习时的心态和方法很重要。在心态上，要知道考研是一场持久战，需要足够的耐力和体力，需要在最开始制订计划，调整自己的作息。考研就是要不留遗憾，要对自己说我要努力，要不停地努力，每天进步一点点，积累起来就是一大步。我们不可能在图书馆每一天、每一个小时都斗志昂扬地学习，当我们觉得自己累了，效率下降的时候可以停下来看看窗外的风景或者去操场跑跑步；可以环顾四周，发现所有人都埋头在书堆里，那一瞬间就会觉得自己没有停下来的理由，有这么多人都在和我并肩奋斗，我又有什么资格轻易说放弃呢？在备战考研这段时间里舒欢也学会了坚持和自我激励，提高了自己的心理素质。在复习方法上，每个人都有自己的习惯，因此不能一概而论。但是她认为最重要的就是计划、行动、总结。不管是公共科目还是专业课，她都制订了清晰的复习计划，精确到每天上午、下午和晚上做什么，然后再根据实际过程不断地调整，保证每天完成相应的复习任务。一天结束之后再把各科模糊的知识点和做错的练习题总结在本子上，到冲刺阶段这个本子就成了很重要的复习资料。对舒欢而言，因为她考的是朝鲜语口译的专硕，考试科目有政治、汉语写作与百科知识、朝鲜语翻译基础和翻译硕士朝鲜语四科。她每天大概 7 点多到图书馆，上午复习政治及做题，中午吃饭过后休息 30 分钟左右，大概从下午 1 点开始复习朝鲜语专业课内容，晚上吃完饭后复习汉语百科知识的内容和整理当天复习的内容。因为舒欢晚上效率比较高，所以到后期冲刺阶段她都是在晚上背诵政治大题和时事政治。当然，这只是她自己的复习方法，适合自己的复习方法才是最好的，只有适合自己的才能真正对自己有所帮助。

通过初试也并不代表考研成功，复试也是考研的关键一环。在面试中口语是很重要的，所以为了提高口语水平可以每天看和跟读几分钟的朝鲜语新闻，尤其在时事方面要更加注意。在准备面试期间，北二外的学姐给她提供了很多帮助，告诉了她很多面试时应该注意的问题，还给了她很多复习资料，所以舒欢觉得在备考过程中找到目标院校目标专业的学长学姐真的很重要。

　　接到拟录取电话的那一刻，舒欢还有一种不真实的感觉，一直悬挂的心那时才有尘埃落定的感觉。考研的一年她成熟了许多，孤独、寂寞、等待，许多看起来简单但是却复杂的最终无语的感触，只有走过的人才真的能明白。不是所有的付出都有回报，但想要得到回报就必定要付出。这段经历将是她人生的宝贵财富，不仅仅是因为它让舒欢获得了继续深造的机会，更重要的是它教给舒欢一个人生哲理：凡事必须得坚持，先苦后甜才能有所得。

　　舒欢相信只要对未来有梦想，并且踏踏实实地走过为将来奋斗的路，就会收获很多。大学生活结束的同时又是新旅程开始的起点，所以最后她祝愿所有拥有自己梦想的朋友，选择了就义无返顾地坚持下去，这样在不久的将来，就回收获微笑！

【亮点点评】

　　舒欢的考研经历，真的是让自己，也让别人感动的一段经历。"考研不是盲目的跟风也不是逃避找工作的借口，而是给自己精确的定位和足够开始的理由。考研成功不是一劳永逸的开始，也不是投机取巧的幸运，不要抱着侥幸的心理觉得自己大概学学就能成功"。因为一开始就对考研这件事有足够的认识，在以后的备考中，才能耐得住寂寞，吃得住苦，才能踏踏实实坚持到最后的胜利。

　　现实中我们经常看到这样的学生，一直说自己要考研，结果没坚持几天找工作去了，找了几天，又说要考公务员。各种折腾，身心俱疲，收获却不见得有多大。锁定目标，坚持不懈，需要毅力，需要执著，这些恰恰是成功必不可少的要素。

写给学弟学妹们的一封信

亲爱的学弟学妹们：

你们好！

刚入校不久的你们可能会有些迷茫，不知道该如何面对这四年的生活，不知道该如何去平衡自己的学习和各种活动，作为过来人，我想把我的几点经验分享给你们。

大一刚开始的时候，我就加入了一些社团活动——学生会的秘书处和大学生艺术团。加入这些组织不仅可以继续培养自己的兴趣爱好，还可以认识更多的朋友。在这里我想告诉你们的是，不要盲目地去选择社团，一定要选择符合你的兴趣爱好，并且你认为对自己的成长有所帮助的社团，这样你在活动中才会主动，收获也会更多。我的性格较为外向，喜欢跟人沟通，因此秘书处比较适合我，再加之从小就学习二胡，梦想有一天能在舞台上演出，艺术团无疑就是个很好的选择。那么这样一来，每要举办一些大型活动的时候就必然会占据一些学习时间，我的办法是：在社团工作与学习发生冲突的时候以学习为主，等到稍后学习任务相对较轻的时候，再去主动多做一些社团工作，做到工作和学习同时锻炼。这样做的前提是，无论你干什么都要全身心地投入，把所有的事情当成自己的爱好去做，享受做事的过程，并注意与他人的交流以及自己独立的思考。

可能是因我做事比较积极且成绩显著，我大二时当上了艺术团副团长。各项活动也越来越多，占用的时间也多起来，与此同时专业学习上的课程也在增多，难度也在增大，还面临着考阿拉伯语专业四级的压力。"工作上不必所有事情都去参与，把机会留给其他同学一些，但是凡事要我做的事情一定会去做好；学习上必须保证一定的学习时间，每天把要完成的任务罗列出来各个击破，假如因为其他原因耽误了，就必须用休息和娱乐时间弥补回来。"这是我当时的做法，经实践检验，该方法可行且成效良好。

大三时，我有幸获得了公派去也门留学的机会。但是这个时候社团希望我能去担任更高的职位。到底是出国学习，还是在学校参与更具挑战性的社团工作？两难的局面，叫我不知道如何是好。但我很快就拿定了主意。其实这个时候就要看自己未来的职业规划了，假如想找到好的工作，需要很多的实践经验，那就可以多参加一些活动，获得更多的锻炼机会和经验。倘若目标是考研，我建议大三的时候就应该把社团的工作暂停一下，多花点时间去复习准备，这样的结果会更完美一些。

我到了大四基本上没有参加什么社团活动了，因为当时我的目标很明确，就是要考研。在通过了保研考试之后，我的自由时间就相对多了一些，这个时候又可以参与一些社团活动，把自己曾经错过的工作和活动慢慢弥补回来。

各位学弟学妹们，跟你们说了这么多，归纳起来其实就是一句话：做任何事情都要有明确的目标和计划，照着目标前进，沿着计划前行，我相信一定会有所收获。

【亮点点评】

庞小博同学现已是北京语言大学的一名研究生。他通过本科四年在川外出类拔萃的学业成绩和各方面优异的表现，才获得了阿拉伯语专业唯一的保研资格，他又凭着自己的实力经受了保研路上的种种考验。"假如因为其他原因耽误了，就必须用休息娱乐时间弥补回来"这是庞小博同学大学四年来所坚持的，因此他很好地平衡了学习与活动的关系，成为阿拉伯语专业非常优秀的一名同学。

对于新生而言，要很好地平衡学业与活动其实很难。我见到太多的学生因为参与活动过多，导致期末挂科。与此相反，又有一部分同学，只低头学习，大学四年像高中三年一样度过，等就业的时候发现自己的简历除了学习成绩拿得出手外，一无所有。如何规划大学四年，如何平衡学习和实践活动的关系是老生常谈的话题，也是高校学子需要认真对待和解决的问题。

考研攻略详解

在 2019 年的考研中，小音成功考取了理想大学的理想专业——上海外国语大学（以下简称上外）阿拉伯语语言文学专业。以下是她想分享给各位学弟学妹的一些考研经验与心得体会。

在小音看来，考研不仅是专业知识掌握程度的较量，也是对考生的信息搜集能力和心态的考验。

考研信息的获得，有一条很关键的渠道就是目标学校的学长学姐，他们会告诉你除了官网上的参考书目还有哪些书值得看，这对考研很有帮助。有时他们还能提供在网上很难找到的真题。此外，还可以去微信公众号、知乎、百度文库上找考研成功的学长学姐写的经验贴。

心态对于考试来说也很重要。考研成功是个小概率事件，不管你有多优秀、实力有多强，都有可能因为马失前蹄而落榜，因此不要把考研结果看得过分重要，这样反而可能会焦虑、失眠，影响学习效率。要享受准备考研的过程，就小音个人而言，在准备考研的那段时间里她每天都学到了新的知识，每天都很开心。要劳逸结合，适当放松，不要把考研当成备考期间生活的全部，每天抽时间看一两集动漫、每周定期看综艺，都是不错的放松方式。

首先是初试，上外的阿拉伯语语言文学初试是看技术分，有自己单独的一套计算方法，即：（专业一＋专业二）×110％＋（政治＋二外）×10％，最重要的是专业课。而北外阿拉伯语语言文学初试则是按两门专业课的分数排名的。当然，首先每门科目和总分都要过国家线。其他国内高校对于初试成绩都没有特别的算法。无论算法怎样，最重要的都是专业科目（专业一和专业二）。在每天的学习计划安排里，专业科目的复习都应该放在首位。就阿拉伯语语言文学而言，最重要的是基础语言知识。考试题型可能每年都在变，但万变不离其宗，考的还是对语言的掌握程度、运用能力，以及对阿拉伯国家历史文化的了解。

其次，要吃透课本而又不能仅满足于课本。课本教材很重要，主要是看里面的词汇、语法和句型。小音本科阶段用的教材是北京外国语学院编写的《新编阿拉伯语》，考上外的同学要把上外出的《新编阿拉伯语教程》前四册至少过一遍，学有余力的同学可以两套教材都看，一套为主一套为辅。考其他学校阿拉伯语专业研究生的同学也不妨看看上外版教材，积累不一样的表达方式，对作文和翻译题都有帮助。

　　语法部分小音推荐上外的《阿拉伯语语法教程》，简洁且归纳得很好。这本书的附录里有常用文字正偏组合、常见动词及其介词搭配、常用句型和结构，非常实用。

　　阿汉互译在阿拉伯语语言文学的研究生入学考试的分值中占很大的比例，非常重要。要想把翻译练好，基础就要打好，还要多积累句型和表达方式。上外的专业二考试内容就是阿汉互译，阿译中和中译阿各一篇，篇幅很长，考试时间有限，因此考试要特别注意时间的把握，可以这样说，译完就是胜利。评分主要是看译文的完整性和流畅度，一些细节的地方不必太在意，如果某一句话的逻辑看不太懂也要硬着头皮把字面上的意思翻译出来，不要在一处浪费太多时间。翻译需要多练，勤练可以提高速度。在做翻译练习时最好定个时，在规定时间内翻译完一篇文章，这样有助于培养时间意识。参考书方面，小音推荐马景春编著的《实用阿汉互译教程》，这本书里不仅有很多实用的阿汉互译技巧，还有大量可以用来练习翻译的文章，对练习翻译很有帮助。此外，小音还推荐《中国关键词》（阿拉伯语版）和《中国关键词：一带一路特别篇》（阿拉伯语版）这两本书。这两本书用中阿两种语言介绍了中国的主要政治理念、政策和中国道路，不仅可以帮助大家更好地了解自己的国家，而且政治专有名词的翻译比较权威，值得学习，同时也可以用来练中阿互译。

　　在备考期间，最好每天抽半个小时左右看阿拉伯语新闻，关注中国和阿拉伯世界的时事热点。

　　至于二外，大多数人选择的是英语，每个学校考试的难度、题型和考察方向不尽相同。考生要根据自己选择的院校和自己的英语水平做出相应的学习计划。一般来说，学校官网上会有样题，百度文库和淘宝上都可以找到真题。真题不要贪多，做一两套了解题型和难度即可。

　　政治可能是很多人会很害怕的一门学科，因为要背的东西很多，小音当时最担心的一门也是政治，害怕过不了国家线。但其实只要正常准备，一般来说都能过国家线的。这几年的政治、英语这两门科目的国家线都在51~55分之间，55分以上就能保证妥妥地过国家线了。她当时考政治的目标也只是过国家线，所以没有花特别多的时间准备。最简单最有效的方法就是跟紧肖秀荣的步伐！小音当时关注了他的公众号并置顶，以便第一时间了解考研政治的信息。肖秀荣有一个科学合理的复习时间规划，只要跟着他的进度走，问题就不大。小音是暑假开始看政治的，五六月份看可能有点早。她建议："考试之前一定要看肖八（肖秀荣考研政治八套卷）的选择题和肖四（肖秀荣考研政治四套卷）的主观题，肖四的主观题最好每一题都背下来，要背牢！不考研真的不会明白，肖老师真不愧是考研政治科目的'大佬'，押题真的非常准！如果要考北上广的院校，那肖四的主观题更加要背好，因为北上广的主观题会压分，给分比较严格。"另外小音还想告诉大家，肖秀荣老师的微信公众号每一篇推文下面都会有精选留言还有肖老师对留言问题的回复，这个可以多看看，哪些知识点一定会考、哪些知识点是考主观题还是客观题、自己刷题的正确率是否在正常区间内……这些问题都有人问，即使自己提的问题没有被挑选或者没有被肖老师回复，也总有人留言的问题和自己情况相似。肖老师是考研政治科目的权威，他的回复参考价值很大，小音当时把每一篇文章下面的精选留言都认真看完并用本子记下对自己有用的信息。她觉得没有必要额外报网课，肖秀荣老师出的复习资料都有配套的网课。

初试的前一天，也就是所谓的"抱佛脚"时间，小音侧重于看上外语法书后面的附录，因为它上面的动词与介词的搭配、常见意义正偏组合、常用句型都很有用。另外，百年翻译运动、几次中东战争、悬诗诗人等，都是考前"抱佛脚"必须要看熟的。上外今年突然考了名词解释，让她措手不及，建议大家还是把阿拉伯国家历史上比较重要的事件、中国的热点事件都提前准备阿拉伯语版名词解释并背熟，这样考试时候写起来会比较快，毕竟考试题量大，时间紧张。

复试的笔试题型一般和初试差不多，如果初试成绩还不错，最好在知道成绩后就尽早准备复试。但也没有一些公众号上说的那么紧张，"懈怠一天，下一个被刷下的就是你"这种说法太夸张了。面试时，上外是不允许做自我介绍的，如果说了自己的姓名和本科学校，考试资格就会被取消掉。小音当时每天读一两篇新闻，这样不仅能练口语，还能知道阿拉伯国家最近发生了什么。面试的流程是，考生先读一篇文章，然后老师提一些和文章有关的问题，再提一些关于考生个人的问题，或者问一些中阿实事。

小音很怀念考研的时光，让她感动的是，初试之前，微信公众号"上外研招"发了一篇推文，推文里上外的老师、同学、快递部工作人员、保安、宿管阿姨举着一张牌子，上面写着对考生们很暖心的祝福话语。那一段时间她很紧张，觉得自己准备得还不够充足就要上考场了，但看到那篇推文的那一瞬间她就知道，自己没有选错学校。让小音最震撼的是，刚到考场时看到几乎所有考生都在看书复习，甚至在上楼梯时目光也没有离开复习资料。大家的努力和认真深深地震撼着她。

最后，小音想祝福看过此篇分享的各位考生在考研中都取得满意的成绩。

【亮点点评】

小音的攻略真的是超级详细，可操作性非常地强，想考上外阿拉伯语专业的同学完全可参考应用，可以避免走很多弯路，感谢小音毫无保留地贡献出来。

在她超级详细的攻略背后，我看到的是她克服困难的智慧、勇气和魄力。正是因为这些优秀的品质，才有了后面"水道渠成"的成功。"考研不仅是专业知识掌握程度的较量，也是对考生的信息搜集能力和心态的考验。"这是最掷地有声的一句总结，也许大部分考生差的不是知识、信息，而是输在了心态上。在如此竞争激烈的角逐中，沉得住气，将自己的力量发挥到最好，也就成功了一半。

天道酬勤
——成为自己的 onepick

2019年3月末的一天傍晚，庆丽在飞机上看到了那一天的日落。太阳紧压地平线，阳光交织在云彩处，迸发出耀眼的光芒，渗透在云朵的缝隙之中。眼前的落日美景倒影在她的眼球中，她觉得内心好宁静。此时她的书包里多了上海外国语大学（以下简称"上外"）的研究生预录取通知书。说起这一个故事便要串联起过去四年的回忆和生活。

从大学入校起，庆丽便已经决定要考研究生。所以她从大一便开始关注考研的学校选择和专业选择等。

一、坚定目标，持之以恒

庆丽的本科专业是朝鲜语。刚进入大学的时候，面对一门新的语言，她丝毫不敢懈怠，努力练习发音，记忆单词，理解语法。任何一门语言的学习都是一样的，加强听、说、读、写。大一的时间过得很快，军训、新生才艺大赛、元旦晚会、实践周活动等，很快大一就结束了。通过大一的学习，她打开了学习朝鲜语的一扇大门，逐渐适应一门新的语言的学习。学校里面学习语言的气氛特别浓厚，每天早上都能听到各个教室里面传来的不同的语言。一开始大家都只能张开嘴巴，发一些基本的元音、辅音。渐渐地到后面能够出口成句，经过不断地学习和努力，到最后的出口成章。与此同时，进入大学之后，她也没有落下英语的学习，在大一的两个学期里，分别通过了大学英语四级和英语六级考试。

大二的时候，庆丽得到去韩国的大学交换学习一年的机会。在一个母语语言环境中对学习语言的人来说的确是非常高效的学习方式，就像最近特别流行的沉浸式语言学习。

确定考研的目标院校的时候，庆丽还在韩国的学校进行交换学习。她的想法是研究生的专业要能够凸显自己的朝鲜语和英语的优势，最后决定了报考上外的新闻学，听说外语院校的复合学科一般都能结合语言的优势。借助本科的朝鲜语专业优势和英语优势，能帮助她消化更多的新闻，来了解我们生活的这一个世界。

二、巧用"番茄学习法"，抵抗拖延症

大三下学期，在韩国的交换学习结束，庆丽回到了川外。晨光初露的时候，川外学子的琅琅书声便会荡漾在整个校园。她每天也习惯早起，加入了朗读的队伍之中，周围的同学朗读的基本都是完全不一样的语言，这样也加强了早晨朗读的注意力集中。

刚开始准备复习的时候，庆丽按照时间段，制订了计划。但是在实行计划的过程中，受到了很多阻碍。比如：安排2个小时完成精读10篇新闻，实际上却需要3个小时。但是每天阅读专业书其实并不需要花2个小时。因此，她改变了时间安排，以完成任务为目标，制定任务量，加上使用"番茄学习法"，以提高学习效率。

在做题过程当中，常常遇到倾尽百分之百的努力完成题目后，却被对答案后的得分打击得自信值降为零的情况。有的事情可能做起来很顺利，有的事情做起来确实会不那么顺手，但是我们还是要相信天道酬勤。庆丽认为我们"可以失败，但是绝不能后悔"。如果后面因为畏惧困难，就此止步，停止努力，到后面再来后悔的话。倒不如一鼓作气，做到自己可以做到的最好，不留遗憾。

三、乘风破浪终"出道"

类似于近几年的选秀类节目，100名练习生经过近3个月的比赛，最后能有10名左右的人可以梦想成真。在庆丽准备考研的过程中，某种程度上，她认为与这样的比赛有点类似。不管站在终点的人是谁，但是站在终点的人一定是在众人看不到的地方付出了艰辛的努力。

庆丽喜欢坐在图书馆里一个固定的区域，虽然每天坐在旁边看书的同学不一样，但是每天图书馆里的学习氛围却是一样的浓厚。总结回顾一年的生活，每一天都很紧凑。学习间隙看5分钟微博，她就觉得很满足。以前走在景观大道上，她喜欢听摇滚舞曲，伴随着音乐声大步向前，这一年，陪伴她走向食堂是专业课的语音讲解。手机里的音乐软件2018全年音乐总结，她听得最多的专辑是英语听力，新概念的一篇课文在某一天她听了28遍。

提起"改变""蜕变"，人们不知不觉就有一种压力感。其实改变就是日积月累、积少成多的过程。当你意识到自己的变化的时候，其实已经感受不到变

化带来的不适和抗拒，因为你已经习惯了变化，可能这就是成长的意义吧。

来自庆丽的寄语："站在毕业的终点线，回首过去的4年，我依旧记得四年前，我攥着录取通知书和各种文件，跌跌撞撞地来到太阳广场，找到东方语学院，完成我的大学新生报到。有过很多的不敢想，不敢做。但是我都勇敢踏出开始做的那一步，也收获了很多。'路漫漫其修远兮，吾将上下而求索。'未来的路依旧在我脚下，踏实、勤劳、不放弃，终将使人生绽放光芒。"

【亮点点评】

职业规划理论中强调自我认知与职业认知的整合，即在设定目标时要确立目标取向、能力取向、资源取向和机会取向四者的整合。庆丽恰好在考研这点上实现并达到了这4点的有机结合，最终靠自己的努力、勤奋和不抛弃不放弃的精神打赢了考研这场攻坚战。

"她在飞机上看到了那一天的日落。太阳紧压地平线，阳光交织在云彩处，迸发出耀眼的光芒，渗透在云朵的缝隙之中。"相信所有曾经努力过的人，曾经付出过的人，都会在自己的人生某一点感受那份光芒带来的荣耀、宁静和从容。

求知，哪怕远在中国

"求知，哪怕远在中国。"这是穆罕默德的教导，阿拉伯人对中国的传统文化与知识有着深深的热爱和向往，这是一种纯粹的、对知识的渴望。

文涛作为一名学习阿拉伯语的中国学生，同样对阿拉伯语及其所承载的历史与文化有着浓厚的兴趣。这种兴趣与热爱，在4年的时间里持续着却又在改变着。从"学以致用"到"君子不器"，这是他在学习上的追求。从接触阿拉伯语到爱上它，文涛花了整整一年的时间，曾梦想着考进外交部，成为一名驻阿拉伯国家的外交官，将自己所学的阿拉伯语运用到实际工作中。再大的梦想都是以一件又一件小事为基础的，他深刻地清楚这一点，怀着这样的梦想，他在学习上不断进步。在经过大三一年后，文涛对阿拉伯语的热爱丝毫没有减弱，但他的认识又有了新的变化，他已经把学习阿拉伯语及其所承载的文化当成了一项毕生的事业，经历了从"学以致用"到"君子不器"的蜕变，也更能体会到穆罕默德那句话中所含有的坚决和纯粹。这种认识上的转变促使了他在具体目标上的调整，文涛决定继续读研。在大三的暑假里，文涛丝毫没有放松学习。大四上学期，他有幸拿到了学校推荐免试攻读研究生的名额，对于他来说，这也意味着重要的转折和新的开始。

2015年9月18日，在北京大学硕士研究生推荐免试报名截止的前一天，经过匆忙的整理，文涛将材料寄了出去。9月23日，他得知自己通过了筛选，进入了复试。9月25日下午1点到4点，是笔试时间。9月26日下午1点是面试环节，在6名教授的提问下，他深刻地意识到了自己所存在的不足，这种不足主要体现在知识结构方面，而造成这种不足有多方面的因素，怀着忐忑的心情，他完成了面试，在后来知道被录取后，他也进行了反思，其实面试时老师考察问题，不仅仅会关注问题的答案，而且会对一个人的思维方式、性格特点、素质修养等各个方面做出评判。凭着谦虚好学的态度和对自己的反省与批评，他获得了老师们的认可，但面试中所暴露出的问题并没有让他感到轻松，相反，他感受到了巨大的压力。在与其他同学进行交流时，他发现这样的问题存在于同学校的大多数同学身上，相较于北京的学校，在资源上的短缺，需要他们用更多的努力去弥补。

现在很多人都困扰于自己所学专业和将来工作不一定对口这个问题，文涛认为，大学学习，一部分是专业知识的学习，另一部分是对自己思维能力、学习能力等综合能力的锻炼。比如，如果在大学期间努力学习一门语言，即使将来的工作与它无关，但我们经历过极其枯燥的语言学习过程，所养成的耐心和坚韧不拔的意志也一样会让我们在工作中更加出彩。学语言可以让人变得更加具有智慧，因为在学习过程中，我们会了解到语言背后的历史文化，以及使用这门语言的民族的思维方式，这就有利于拓宽我们的视野，让我们年轻人不再那么容易偏执。包容、合作与共赢必将是这个时代的主旋律，中国的"一带一路"倡议获得很多国家的支持和响应，当然共同的经济利益是重要前提，但更关键的是中国在熟谙各国文化的同时，用平等包容的心态对待所有国家。

文涛5岁时，妈妈告诉他，人生的关键在于快乐。上学后，人们问他长大后想做什么，文涛写下的答案是"快乐"，他们告诉文涛，你理解错了题目；文涛却想告诉他们，是他们理解错了人生。快乐是一切成功的源泉和归宿，而文涛认为放下即是快乐，人的每一种身份都是一种自我绑架，唯有失去才是通往自由之途。

【亮点点评】

文涛作为一名学习阿拉伯语的学生，对阿拉伯语及其所承载的历史与文化有着浓厚的兴趣。这种兴趣与热爱，在4年的时间里持续着。从"学以致用"到"君子不器"，这是他在学习上的追求。大四上学期，王文涛有幸拿到了学校推荐免试攻读研究生的名额，成功通过了北京大学的笔试和面试，这也意味着重要的转折和新的开始。

心有定锚，方能远行
——起航川外

2015年9月，卓盈来到重庆，成为了四川外国语大学的一员。开学后几乎每一位老师在第一节课上，都会问他们一个问题："川外朝鲜语是你的第一志愿吗？"很遗憾的是，全班将近30人中只有寥寥数人举手。而她，也不是举手的人其中之一。对朝鲜语不感兴趣的人不在少数，但是其中能够坚定方向换专业，认真双修，或是在其他领域提升自我的人则寥寥无几。为何呢？大学之前，几乎所有人的时间都被应试学习给填满，真正弄清楚自己热爱和擅长的人实在太少了。在这样的背景下，坚持学习朝鲜语就是大多数人的选择。很幸运的是卓盈在朝鲜语的学习过程中，渐渐地培养了对朝鲜语的兴趣以及对于翻译的热爱。基于这样的兴趣和喜爱，卓盈在大四上学期选择了备战考研，并考取了对外经济贸易大学的朝鲜语口译专业。在考研的过程中，她认为最为重要的经验就是，广泛尝试，找到方向；坚定自我，不断提升。

首先是广泛尝试。对于所学专业有兴趣，或是有其他明确喜好的人，就能够把握大学这相对自由的环境，很快地提升自我。但是对于大部分人来说，首先要做的，是找到自己的兴趣所在。在大一时，首先要尝试建立起对于所学专业的兴趣。开放大脑，主动去接纳和吸收，加上老师的引导，其实很容易建立起兴趣，越学越好。由于语言是一门工具，所以在学习语言的同时找到其他的特长也是很重要的。而大一大二就是一个让人全面尝试的时期。参加社团、学生会、有挑战性的社会活动，等等，都是非常不错的选择。于卓盈而言，大学四年最为高光的经历就是大二上学期参加了一个商业展销会的兼职翻译工作。兼职是老师介绍的，虽然当时卓盈才大二，韩鲜语水平很有限，但在老师的鼓励下还是鼓起勇气参加了。工作过程中，刚开始和韩国展方负责人的电话联系问题连连——听不懂、说不出，各种丢脸，但到后来工作的5天之中，卓盈的口语水平得到了显著提高，最重要的是获得了极大的自信和成就感。而通过这次的翻译兼职的经历，她很快决定：以后要继续从事翻译工作，并且要考研提升自己的翻译水平。可以说，这5天的经历帮助她找准了未来的方向。因此卓盈鼓励大家，别害怕，现在还很年轻，学什么都很快，也别怕丢脸，丢了脸才能有教训、有收获。有什么机会，就大胆去尝试吧。

其次是考研经验的总结。卓盈从大三下学期开始收集考研材料，直到大四上学期正式备考，她有如下几点经验想要分享给大家。

第一是选专业和择校。选专业要根据自己的兴趣和对未来职业的定位来选择，朝鲜语专业的学生大多都在朝鲜语口译（专硕）和朝鲜语学硕之间进行抉择。关于择校，首先卓盈个人认为学校地址很重要，一是在读研期间可以有更多实习机会，二是直接影响到研究生毕业之后的就业地点；其次就是对于各个可能学校的考察。可以活用各种考研相关的App，研究往年报录比、学长学姐经验分享等来判断考取的可能性，等等。

第二是关于备考。如果决定要考朝鲜语相关专业，那么除了学习，老师们的课堂讲学也要认真对待。卓盈考试的时候，就碰到了大三大四的翻译课课堂上老师讲的许多内容。课堂学习是毋庸置疑任何时候都并不能松懈对待的。老师的讲授是从另一个角度对知识的刷新，因此认真听课绝对会让你受益匪浅。此外，备考安排是很重要的。备考战线不用拉得太长，不需要从大三开始就兢兢业业地督促自己每天早八晚十，有毅力的同学或许能坚持得下来，但是就她身边的例子来说，越早开始，到后期越疲惫，到该冲刺时就冲不起来了。但是，积累型科目应是越早开始准备越好。翻译硕士考研科目之一的百科，需要很广泛的常识积累，从大三就可以开始进入复习了。卓盈就是因为百科的准备开始得晚，积累太少，百科考得不太理想。每天简单的课外积累是从大一开始就要坚持的。不管是一篇朝鲜语新闻、一两页朝鲜语小说、散文，甚至每天抽出哪怕20分钟去积累词汇和语法，到了大四你的朝鲜语都会扎实许多，备考也就会轻松许多。

第三是关于复试以及相关感悟。研究生考试每年2月中旬出初试成绩，3月底复试。近几年复试权重越来越高了，跟卓盈同考的一个小伙伴初试分考取了380的高分，但是在复试时惨被刷掉，足以证明复试有多么重要。复试时，要和六七个老师全程使用朝鲜语交流，首先做自我介绍，再是根据一篇朝鲜语文章做口头上的阅读理解。时长不超过10分钟，可这10分钟里，面对老师提出的每一个问题，都要正确地理解、快速流利地应答，这对很多人来说都是不小的挑战。而关于口语的练习，虽然川外地处内陆，兼职机会相对较少，但是学校有语伴、外教课等宝贵的资源，因此有意向的同学从大一就要把握一切锻炼口语的机会，主动出击，这样不管是对以后的工作还是继续求学，都是有益无害的。

卓盈想对刚进入大学的新生们说："一切都是崭新的开始。你大可以放下害羞，放下胆怯，积极热情地拥抱一切机会，争取找到适合你的方向。"她也想对大三的同学们说："或许你们已经有了大概的目标，又或许你们正在因为前路而感到迷茫，别担心，大胆走出舒适圈，把任何的可能都了解和尝试一下。白白担心是徒劳，通过身体力行才能真正地感知。"

真心希望所有的川外学子都能在4年的川外之旅中完成美好的蜕变，找到属于自己的方向！

【亮点点评】

"广泛尝试，找到方向；坚定自我，不断提升"，这是卓盈的成功经验的总结，非常到位。在舒伯的生涯发展理论中，15到24岁是生涯探索期，这个年龄段正是高中、大学阶段。高中阶段，迫于高考的压力，绝大部分孩子其实是没有进行职业探索的，而职业探索这个任务需要在大学4年完成。尤其是大学前3年，进行广泛的尝试，最终找到自己的兴趣点，将兴趣与职业结合起来，将会激发潜能，发挥特长，避免大四时的焦虑、迷茫、无助等心理问题。

在找到方向后，能够坚持所选，持之以恒地进行努力和奋斗也是弥足珍贵的。现实中我们看到很多大学生兴趣广泛，日子过得有滋有味，可真正就业的时候那些兴趣却派不上什么用场。生活兴趣与职业兴趣的链接或互通还是需要做一定的调整和努力的。而这正是很多大学生所缺乏的意识和能力。

靡不有初，鲜克有终

文瑞是四川外国语大学的一名学生，2020年9月即将成为西南大学汉语国际教育为专业硕士生中的一员。在大学四年期间，有奋斗，有迷茫，但是她却从未放弃自己的追求。每次迈出的一小步，日积月累下来再回头一看，就会发现已经迈出很大一步了。以下是对文瑞考研经验的整理，希望能对你们的考研之路或人生方向起到一定的借鉴作用。

一、关于跨专业考研

可能有很多同学会好奇：文瑞是一个朝鲜语专业的学生，怎么就突然想到要考汉语国际教育硕士呢？为什么不坚持把朝鲜语学下去或去韩企工作呢？在考研面试的时候主考官也问了她同样的问题。她只是微笑着回答："这应该算一个契机吧，是缘分让我选择了这个专业并打算一直从事下去。"在文瑞接触这个专业以前，她也想的是会一辈子学朝鲜语，做个高级翻译人才之类的。可是人生啊，总是会让你不断地做选择，当有一个对于自己来说更好的选择摆在她面前的时候，文瑞就毅然决然地选了它，并且心里有个声音在告诉她：我能从中实现我的价值，找到快乐。

大一下学期的时候，学校列出了很多专业的双学位供学生选择，因为自己之前一直对孔子学院有些了解，在看到汉语国际教育这个专业的时候，她就有一种一见如故的感觉，于是立马选了它。此后便开始了近两年的辅修学习。当文瑞第一次接触到这个专业的时候，不得不承认她真的很幸运。这个专业的各位优秀的老师让她了解到了汉语国际教育的魅力，加上自己本来就很喜欢中国文化和文学，所以每周末她都坚持去听课。就是从这时候起，就为她以后选择攻读汉语专业方向硕士打下了坚实的基础。

二、本专业知识就一点用都没有了吗

可能很多同学又会问了："那大学四年学的朝鲜语不是一点用都没有了吗？不会很可惜吗？"文瑞想说的是，很多东西，特别是我们学过的知识、看过的书，它不会很明显地让你看到它所起的作用，这种影响往往都是潜移默化的，并且极有可能在以后的某个日子或某个瞬间发挥出你期待以外的作用。所以一定不要用太功利的想法去看待自己所学的知识。就如大家初高中学的函数、方程式，现在可能不会再用了，难道之前学的就完全失去意义了吗？答案是否定的。以前所学的那些理科方面的知识也许不会再出现在我们的学习或生活中，但是在学习的过程中，我们的思维能力其实也跟着提升了，这是自己不容易发现的。文瑞认为大学4年所学的朝鲜语也是一样的道理：也许她以后很少会再用它，但是在这个学习的过程中她却间接地培养了自己的语言能力，了解了朝鲜语的语法体系和语言国家的社会文化等，这对于她以后的对外教学来说都是很有帮助的，特别是在与朝鲜、韩国学生打交道的时候，她是肯定比别人有优势的。

三、考研心得

文瑞是一个非常没有自信心的人，在班上的成绩不算特别突出。虽然从大一开始就努力学习，但是面对考研，她总是没有信心，害怕自己考不上，并因焦虑而失眠，她认为这一点很不好，希望大家不要像她一样。

在大三上半期，周围人都开始要考研，她也开始思考自己要不要考。最后决定考研是因为文瑞综合各方面考虑，想提升学历，毕竟现在大学生找工作形势不容乐观。文瑞决定好自己要考研后，就开始考虑报什么专业了。

关于择校：文瑞是按照"专业－地区－学校"这个顺序来选的。通过与上一年考上的学姐交流，她了解到汉语专业方向硕士这个专业。文瑞对这个专业很感兴趣，并且本专业小语种考攻读汉语专业方向硕士也挺有优势的。决定好了要考汉语国际教育专业的研究生后，大三的寒假她买了几本攻读汉语专业方向硕士的专业课的书，例如黄佰荣、廖序东主编的《现代汉语》，程裕珍的《中国文化要略》。看了书之后，文瑞大致对攻读汉语专业方向硕士有了一个初步的了解。然后就是选地区和学校了，攻读汉语专业方向硕士更多的是给外国人教授汉语、传播中华文化，所以，选择大城市的话外国人更多，机会也更多。文瑞是土生土长的重庆人，因此她选择继续留在重庆。接下来就是选学校了，这里给大家推荐一种选学校的方法，那就是看真题。文瑞当时先把全国的攻读汉语专业方向硕士真题都收集起来，然后看各个学校的题型。汉硕是自命题考试，所以各个学校出题形式是不一样的。看真题可以发现哪个学校的题型更适合自己，自己更能得高分。文瑞就是通过这种方法选择了西南大学。西南大学的攻读汉语专业方向硕士题比较基础，主观题居多。专业课一般就考黄佰荣、廖序东主编的《现代汉语》，题型有填空题、判断题、选择题、病句改错题和简答题，内容包括语音能力题（选择错误拼音、写出句子拼音）、汉字能力题（笔顺、偏旁、改错字）、拼音题、同义词辨析、短语和句子划分层次。专业二考《对外汉语教学入门》《中国文化要略》和《西方文化概论》（第三章），题型也包括选择题、填空题、判断题，会考写教案。她更倾向于选择主观题多的，所以就定了西南大学。

关于备考：选好专业和学校以后，每年3月到4月是搜集信息的时间。尽可能多地搜集信息、找资料，公共课的真题、网课，专业课的真题、网课，以及要报考学校的各种信息，例如报录比、招生人数、题型等。前期搜集的信息越充分越好，这样后期的复习就很方便，不然到后面还要再找资料，会浪费复习时间。

5月到6月就要正式开始复习了。英语5~6月是背单词阶段。从决定开始考研那一刻就要开始背单词了，每天都要背。文瑞用的是扇贝App和何凯文的《考研1575词》，扇贝App每天打卡100个单词，《考研1575词》每天背一个词汇单。单词是英语的基础，只有单词都认识了才能看懂题，基础不牢，地动山摇！

专业课方面：关于专业一，因为文瑞是跨专业考研，所以她自己先把《现代汉语》看了一遍，然后跟着李秀霞老师的网课又学了一遍，李老师讲得很细，也很清楚，很容易理解。第三遍她是听国家玮老师的网课学习，他的讲课风格就不太一样了，他是有拔高，更多的是帮助听课者理解课程内容，另外他也会讲真题，讲完真题就练题，效果很好。第四遍，文瑞又自己看了一遍书，并且自己总结了一本笔记，可以更好地帮助她理解。《现代汉语》过完4遍，就该放暑假了。关于专业二，《中国文化要略》这本书很有意思，文瑞先当课外书看了两遍，然后把前期搜集的笔记打印了下来，将笔记对着书又过了一遍。

7月到8月是暑假期间，在文瑞看来，暑假是考研最关键的时期，暑假她没有回家，就在学校备考，可以说就是这段时间为她的各科复习打好了基础。暑假没课了，也没有各种琐事，文瑞的时间安排是：早上6点半起床，收拾一下到图书馆，7点到8点背单词，8点到9点半背《中国文化要略》挖空版笔记，9点半到11点学习现代汉语（听课、背书、做真题），11点到12点看徐涛政治网课。中午吃过饭要午休一会儿，这样下午有精神。下午1点45到图书馆，准备一下进入状态。下午2点到4点做英语，因为英语考试也是这个点，文瑞建议一定要养成下午做英语的习惯，不能浮躁。文瑞从暑假就开始做英语真题了，从 1997 年的真题开始，只做阅读理解，做一篇就把它全文翻译下来，虽然有点慢，但是效果很好，英语水平会有很明显的提高。下午 4 点到 5 点看入门网课，自己做笔记，下午 5 点到 6 点写何凯文的每日一句，自己划分层次并分析，主要培养英语思路。然后吃晚饭，晚上 7 点开始背书、背单词、学《现代汉语》。晚上 9 点半回宿舍，晚上 10 点洗漱好看政治视频课，晚上 11 点睡觉。暑假最关键的是英语和现代汉语，是奠定基础的阶段，只有这个时间好好学英语，后期才不费力，因为到后面政治开始背诵，专业课大量的背书任务，英语会没时间，心态会崩。

  9 月开学了，上课、琐事会压缩复习时间，所以一定要合理规划时间。政治课方面，文瑞开始写肖秀荣 1000 题，看一课写一课题，第一遍写在笔记本上，因为后期政治 1000 题要刷几遍。英语方面，还是每天背单词，阅读理解经过暑假的全文翻译后，已经有了一定的基础，每天下午做两篇阅读理解真题，最重要的是做完后认真看解析，分析每一道题，把不认识的单词抄在笔记本上。文瑞建议如果看不进去解析，可以看看唐迟的阅读课，生动有趣，讲得通俗易懂好理解。专业一的准备上，文瑞是继续背书、做真题，从真题里找知识点，重点操练错题对应的知识点。关于专业二，文瑞继续背要略挖空笔记，西南大学考得特别细，所以一定要认真背，不要抱有侥幸心理，文瑞就吃了这方面亏。入门整理笔记，看书上的教案，自己写一写，不要眼高手低，不然到考场上手生，时间不够用。

  11 月进入倒计时，政治要开始背书了，推荐徐涛的《背诵笔记》，很清晰有条理，文瑞买过《风中劲草》，个人感觉没有徐涛的书好用。同时 1000 题继续刷。英语可以继续刷真题，不要刻意追求正确率，要看是否真正理解每篇短文，会分析每道题。专业一也是刷真题，把易错点整理出来，继续背诵，现代汉语更多的是理解，所以多做真题，从真题里回忆知识点。专业二需要背诵的内容很多，上午背要略，下午背西方文化，晚上背入门，走心背，用心记，做真题查漏补缺。

  12 月倒计时，心态要调整好，很多同学都是复习了很久，准备了很长时间，最后备考时心态崩了，放弃了，所以心态最关键。政治方面，《肖秀荣考研政治八套卷》倒数 4 周出，把选择题吃透，错题对应的知识点好好背，《肖秀荣考研政治四套卷》倒数 2 周出，非常重要，因为可能有原题或者类似题出现！英语方面要自己准备作文的模板，真题留两套近几年的，考前模拟一下，找找感觉，方便进入状态。专业课方面，真题做得差不多了，接下来就是继续背书，考试前一天晚上文瑞都在背书。

考试两天很快就过去了，交完卷子，文瑞回想一下备考期间，是自己最努力是时光。文瑞觉得考研更多的一是心态，二是坚持，三是伙伴。"靡不有初，鲜克有终"。态度决定了你的高度，越努力一定会越幸运。所以希望备考的同学们能不忘初心地朝着自己的考研目标去奋斗，去努力，最后一定会取得自己想要的成果的！

【亮点点评】

文瑞的经历，让我想起了这样一句话：一念放下，万般从容。每个人都害怕孤独，每个人却又不得不接受生命的孤独。当一个人可以坦然面对孤独，不在孤独的时候寄希望于他人，他已经足够成熟；当一个人可以接受生命中每一段时光里的孤独，他已然可以与孤独为伍，并能够盛享生命的孤独；当一个人可以享受孤独，并能在孤独的时候，发现诸多的事情可做，还能够觉得有趣，他已经超脱了生命的孤独。

在艰辛的备考岁月里，文瑞表现出的正是这份从容与无惧。心无旁骛、专心致志，才有了后面的成功与收获。不是每一个人都可以做到坚守孤独，坚持梦想，只有那些心中已然无惧无怨的人，才会更从容、更果敢、更坚强。

我们的征途是星辰大海

4年前,欣意来到了川外,与阿拉伯语结缘。4年的大学时光如白驹过隙,转瞬即逝。弹指一挥间,她已从渴求知识的新生,成长为略有所成的毕业生。大学生活的酸甜苦辣给她留下了弥足珍贵的回忆,伴随这些的,还有辛苦耕耘所带来的收获。这4年中,欣意很感谢老师们的悉心培育,使她初步掌握了一门新的语言,使她有幸前往埃及开罗大学进行交流学习,当然最幸运的是成功考取了上海外国语大学阿拉伯语方向的法律硕士研究生,让自己的学业生涯又一次续航。

"年年岁岁花相似,岁岁年年人不同"。在母校的4年,欣意想用"圆满"二字来概括。临近毕业,她漫步在校园中,走过的一树一砖都有自己青葱的影子。5月的晚风带着一年里少有的温柔,一切都让人那么不舍。欣意喜欢这里,也感谢在这里所有的遇见。在川外的4年都随着初夏的风,成为心中最美好的风景。

大学四年的学习生活无疑重新塑造了她,使她从一名充满幻想的高中生成长为一个开始用理性为自己规划人生道路的"大人"。

对阿拉伯语产生兴趣,不仅是因它独有的语言魅力和众多阿拉伯国家的风土人情,更重要的是阿拉伯语是一座桥梁,让欣意能通过与人们的交流,真真切切地了解到文化的内涵。这种感觉在她前往埃及留学的过程中愈发明显:当行走在异国他乡,用阿拉伯语跟不同的人谈论交流,了解他们所处的状态,感受他们的文化氛围之时,欣意的世界观被无限拓宽。金字塔的宏伟、锡瓦沙漠的寂寥、卢克索神庙的深沉,城镇街边的水烟馆、随处扬起的风沙、此起彼伏的礼拜声……她发现了不同的生活方式、新奇的思想、未曾见过的景色,这让她非常感动,并且深知这种感动,是阿拉伯语带给每一位阿拉伯语人的礼物。

通过学习阿拉伯语,欣意形成了独有的学习习惯,掌握了语言学习的方法论,避免了"重复造轮子"的情况,这为她之后的考研之路,提供了宝贵的经验。阿拉伯语的单词、语法虽然初看让人觉得无比复杂,但是通过老师们一段时间的指导,欣意才发现阿拉伯语学习充满了规律。通过不断总结规律,用理论指导实践，她发现学习没那么枯燥了，而是有路可循，她的心态轻松一些。对时间进行高效规划、对内容进行整理归纳，这些方法都在学习阿拉伯语的过程中，慢慢镌刻在她的脑海中。

2018年8月，欣意从埃及回国。9月，在室友的鼓励和支持下，她决定加入考研大军。在选择报考专业的时候，考虑到自身素质和兴趣，她把目标确定为上海外国语大学的小语种法律专业硕士。如果说学习阿拉伯语是向外认识世界，那么学习法律就是向内认识自我。考研对于欣意来说，是一次全新的学习体验，复习的过程中，乐趣也多于疲惫和焦虑。

因为是跨专业考研，所以她花了一个月的时间把所有学科的视频课用两倍速过了两轮。在此以后，她才对所有的复习内容有了一个大致的框架，也了解了主要考点。

在拟订了大概的学习计划以后，欣意就进入了反复背诵和刷题的阶段。她深知规律作息的重要性。身体健康，心态良好是考研中的主要矛盾。因此她会尽量高效利用在图书馆的学习时间，努力保质保量地完成当天的学习任务。晚上她通常不会熬夜，回到宿舍后会看看小视频、刷刷微博，算是一天学习下来对自己心灵的小小慰藉。但日复一日的知识点累积、循环往复的复习计划、毫无新意的生活轨迹还是会让她有些疲惫。这时欣意经常会去微博看看考研的视频，再看看网友的评论，这些让她发现，原来她不是一个人，所有的考研人都和她一样，埋头赶路，没了以前的多彩世界，只是为了自己心中的一个梦想、一个信念，坚持着。

同样的学习生活持续久了，欣意有时也会松懈，也会迷茫。苦于自己的进度缓慢，当她看到有的同学通过秋招就早早与工作单位、学校签订了三方协议，有的顺利保研进入名校，而自己却看不清前方，她有时也会动摇。说实话，在考研的前一天她还想过放弃。但转念一想，来都来了，考就完事儿了。考研道路千万条，坚持到底第一条。既然决定了就义无反顾地走下去，不要被外界所影响。不要怀疑，不要放弃。不要太用力，不要让自己有疲惫感，恰当用力，及时休息，自我鼓励。专注、思考，选择适合自己的节奏，细水长流，一切都会水到渠成的。

一个人或许可以走得很快，但有人陪伴才可以走得更远。欣意觉得她考研能够成功，有一半的功劳要归功于她的室友。在那几个月里，她们每天一起起床，一起去图书馆，一起吃饭，一起聊天，一起分享学习资料，再一起踩着图书馆闭馆的铃声，披着夜色回宿舍。舍友的陪伴和鼓励是欣意坚持到最后的动力。

顺利通过了初试让欣意觉得自己真的很幸运，但这个时候一切都还没有定论，行百里者半九十，她仍然保持初试前的状态准备复试。复试前，欣意尽力让自己保持自信、冷静和平和，虽然最后还是被问到了不太了解的问题，但她用最快的速度及时调整了自己的心态，还好，最后的结果是好的。

　　看完欣意的经历，你或许会觉得有点抽象，但当你真正踏上这条路的时候，你可能就会了解她的心路历程。欣意的经历放在考研大军的行列中，普通得不能再普通，但她仍希望能带给大家帮助和激励。万物之法告诉我们：只要在走，就会迂回前进，螺旋上升。决定了就早些出发吧！心中有梦，以梦为马；志存远方，不负韶华。坚持到最后，不辜负自己的努力，总会有让人意想不到的惊喜发生。

【亮点点评】

　　考研道路千万条，坚持到底第一条。成功在于坚持，不是一句空话，但真正做到实在是太难了。尤其处在毕业季，面对热闹非凡的就业大军时，谁能做到心如止水，谁能做到去留无意。大部人都会在浮躁中、权衡中、计较中失去那颗初心，随波逐流，失去自我。

　　"罗马不是一天建成的"，而是每小时都在铺砖。问题在于，高估建立罗马帝国的重要性而低估铺设每一块砖的重要性可能非常容易，这只是一块砖，为什么要担心呢？想想罗马的梦想要好得多。实际上罗马只是结果，砖块就是系统，系统大于目标。专注于习惯比担心结果更重要。当然，铺砖不一定令人印象深刻，因为这不是一项很棒的工作。这不是力量，也不是耐力或智力的伟大壮举，没有人会为此鼓掌。但是，每年都在铺设砖块，年复一年，这就是你建立帝国的方式。

　　同学们，今天你为你的帝国铺砖了吗？

考研，那些日子

有人说，岁月是一本太仓促的书。是的，在那个收获梦想和希望的九月，小涵带着一路风尘，背负着父母殷切的目光，怀着对未来的美好憧憬，来到了美丽的川外。回首望去，时光匆匆，1400多页就这样匆匆翻过。曾经她拿着川外的录取通知书踏进了校门，今日她将拿着上海外国语大学的录取通知书离别母校。

有人说大学是一个熔炉，燃烧出每个人与众不同的精彩人生。从大一的纯真年代走到大二的轻舞飞扬，再到大三的彷徨迷茫，最后到别离大四的无怨无悔。曾经有过辗转于教学楼各教室上课的平凡与琐碎，也有过纵情高歌狂欢的淋漓尽致。小涵的青春和岁月的痕迹，都深深印在了这里。

川外之于小涵，是一段特别的记忆。在这里，她拾起了梦想，收获了希望；在这里，她拼搏流汗，真诚奋斗。一年前她选择了考研，今天她如愿以偿地拿到了上海外国语大学的录取通知书。回首这一年，小涵百感交集。当初决定是否考研的时候，她也曾倍感迷茫和焦虑。考研究竟能改变什么，考研于自己有何意义，考研成功的几率有多少，她一遍遍地追问自己。后来是一则微小说，促使她最终下了决定。

"一个初冬的深夜，空旷的垃圾场。明天是丢弃大型梦想的日子。每个人都会到这里，丢弃自己伤痕累累的梦想。今夜，一男子来到这，与他成为棒球选手的梦想诀别。过了不一会，一个老人出现了：这个看上去还能使。老人一边将那个梦想装入大口袋，一边朝着驯鹿喃喃道：'你们说，把这个梦想放在哪个孩子枕边呢？'"

这段话深深地触动了小涵，那时她才开始醒悟，原来，她封藏了自己的梦想太深，偏离了自己的兴趣太久，就这样在惶恐、自得与平庸中消耗着自己的青春岁月，多么可笑，多么可惜！可是小涵知道，改变需要勇气，小涵决定孤注一掷，奋力一搏，考研，重回梦想之路！当然后来的事实证明，考研并非她想象中的那么简单，并不是只要有梦想就够了。考研固然需要激情，但理性考研也很重要。首先必须选择一所适合自己的学校。学校是方向，只有走对了方向,才有成功的可能。努力很重要,但是方向更重要。那么,什么是适合自己的学校呢?这就需要了解自己了,擅长什么风格就考什么风格的学校。评估自己的实力、结合个人的喜好,选择一所适合自己的学校,这是考研成功的第一步。选定了学校,紧接着,就要正式进入考研学习中。有很多人问过小涵:"你认为考研过程中最重要的是什么?"每次,她都会毫不犹豫地回答说:"心到。"考研,心都没到,又怎么能成功?既然决定了,那唯有全力以赴。选择过后,仍是坚持。考研是一个漫长的过程,要做一个比较长远的规划,以便复习中有的放矢,然后就是以天为单位的详细计划,一天当中又分成若干任务,每完成一项,就在该项任务后面打上一个勾,再写上自己的评语,如"太棒了""继续努力",完成任务之后的轻松是不言而喻的。总之,不要让自己盲目复习。需要注意的是,计划一定要切合实际,不要好高骛远,否则你会非常劳累,但计划也不要轻易就可完成,这样效率就大大降低了。最重要的一点,就是持之以恒。考研是脑力劳动,同样也是体力、毅力的极大挑战,如果没有破釜沉舟、坚持到底的决心和强大的执行力无法到达成功的彼岸,有计划的复习和始终如一努力的合璧,你就一定能成功!

  考研虽路途漫漫,但目标并非遥不可及,因为每一位考研的同学心中都有一份渴望。当你渴望实现梦想时,进取心便油然而生了,并产生一份力量,推动你去拼搏,去实现自己的愿望。考研路途坎坷多艰,请你拥有一个积极有力的信念:"我能,我能成功!"不要为考研能改变什么而焦灼,不要因准备考研时会寂寞而惶恐,而要为考研能考验什么去尝试、去体会。考研能"考验"我们什么?答案是,坚强。它是一种"我能行"的信念,是一种"不执着于暂时"的坚持,渐渐地,它会帮助你养成良好的习惯,成为职场中战无不克的法宝,成为你性格上宠辱不惊的根基,以及生命中强者恒强的灯塔。

  当然,小涵考研成功与辛苦教导她的老师们密切相关。老师们4年来的谆谆教导让她扎实掌握了本专业的知识和技能。他们的精心培育是小涵一生享用不尽的智慧和力量。

  值此毕业时节,面对母校,小涵唯有献上自己一颗感恩的心。

【亮点点评】

  1. 梦想是什么?梦想就是一种让你感到坚持就是幸福的东西。支持小涵同学选择考研这条路的便是她的梦想。梦想使然,成就了她的孤注一掷和奋力拼搏,最终她拿到了心仪大学的录取通知书。

2. 正如小涵同学分析的那样，考研成功的第一步便是选择一所适合自己的学校。如何选择？可以通过评估自己的实力、思考适合自己的出题模式、结合个人的喜好等做出选择。选好了学校，等于你选定了自己这一年来的奋斗目标，在备考复习过程中才能有的放矢。

3. 小涵同学还值得我们借鉴的是她在整个备考过程中的心态处理——"心到"。心都没到，谈何成功；既然认定，那就全力以赴。考研考验的不仅是你的学识，更是对你心态的一种有力锤炼。

4. 考研是对大学四年所学知识的检验，制订学习计划是考研备考中不可或缺的步骤，长远规划要有，精确到每天的学习计划也不能少。制订的计划一定得切合实际，切勿好高骛远。配合合理的学习计划，才更能让你理清知识的脉络，达到事半功倍的效果。

第三篇

公务员录取篇

"国考",一次千军万马过独木桥的较量

"有此瑰琦在岩壑,其他草树亦精神。"小琦是川外越南语专业 2014 级的学生,在他考上公务员之前笔者就对他很了解。他是一个积极上进、乐于分享的学生。笔者现在把他考公务员的经历分享给大家,希望带给对有此打算的同学一些启发。

小琦觉得自己是一个幸运的人。从大二开始,他就一心想着参加外交部公务员的遴选考试。由于种种原因,最后他都和机会失之交臂,但良好的学习习惯就在那时养成了。大三公派去越南留学,他与大使馆接触的机会比较多,更坚定了他回国之后报考外交部的决心。小琦大四上学期紧张地备考外交部公务员,因为他坚信外交部在 2018 年肯定会招越南语职位,所以他没有去参加企业面试。终于,"功夫不负有心人",2018 年中共中央对外联络部(以下简称中联部)有越南语的岗位,但小琦当时没有参加翻译水平考试(翻译水平考试通过可有优先录取),并且他知道有一个和他实力差不多的其他学校的同学报考了中联部,他便放弃了。几天后,辅导员告诉他公安部也有越南语的岗位招考,他就决定去试一试。但因为要多准备一门公安基础知识,时间非常紧张。其实,小琦当时也是抱着试一试的心态去参加考试,结果竟很幸运地进入了面试环节,最终被公安部拟录取。

"国考",可以说是一次千军万马过独木桥的较量。相对于以前同学们参加过的任何一次考试来说,"国考"有它的特殊性。"国考",是一场竞争选拔类的考试,每个职位并不会设置明确的分数线。每年入围面试的分数线取决于进入面试最后一名的成绩。所以,每位参加国考的人都会付出百分之二百的努力,以免被挤下去。

这是小琦的简短经历,但从中我们可以得到很多启示。

对于国考,我们首先要弄清楚以下几个问题。

一、考试科目

"国考"共有两门考试科目,分别是行政综合能力测试(以下简称"行

测")和申论。报考省部级职位的同学用的是省部卷,报考地市级以下职位的同学用的是地市卷,省部级和地市级的试卷有一定的差别。"行测",省部卷考题一共135道,地市卷考题120道;申论,省部卷侧重考查考生的宏观把握能力,地市卷注重考查考生的应变能力。报考非通用语职位的考生还要加测专业能力测试,报考人民警察的考生需要加测公安基础知识。下面,笔者大致介绍一下每个科目的考试和小琦的备考经验。

(一)行政综合能力测试

有人开玩笑说,"行测"的考查范围是小学、初中、高中知识的总和。这句话虽然夸张了点,但很形象地表达了"行测"这门科目考察的知识范围之广、知识点之多。刚才我们也提到过,省部卷"行测"有135道题,地市卷"行测"有120道题,考试时间为120分钟。我们可以简单地算一下,除去填涂答题卡的时间,每道题的解题时间最多只有55秒。很多刚刚开始练习"行测"的同学可能55秒内连题干还没有看完。所以,所有准备"国考"的同学都知道,"行测"高分的关键就是多"刷题"。当然,"刷题"之前,我们需要大致了解"行测"的试题结构。行测试卷的题目分为5个模块,分别是常识判断、言语理解、数量关系、推理判断、资料分析,每个模块考查的侧重点不一样。

第一块常识判断题。这部分题目的总分值虽然只有20分,但这个模块考查的知识点横跨了人文社科、自然科学和时事政治,如2018年省部级试卷就考到了中央军委改革工作会议。一般常识判断题知识点相对简单,最难的不会超过高考的难度。比如2018年考到了高中地理太阳运动和高中历史的道家思想的知识点。常识判断题的备考没有什么所谓的模板可以背,必须要靠大家在平时的积累。大家可以从网上找到一些常识的总结,每天花5分钟记忆10个知识点。"九层之台,起于累土",常识判断靠的就是日常点滴的积累。

第二块言语理解,是得分大项。言语理解共40道题,总分32分。言语理解大家易轻视。很多人都觉得言语这部分就是高中语文水平,靠语感做题就可以了。但实际情况是,靠语感做题速度慢,错误率极高。给大家一道题先感受一下:

当我们仔细观察当今世界上的主流火箭时,就会发现它们用的发动机、燃料箱等都是20世纪的产物。比如要在2018年首飞的太空发射系统用的是改进过的航天飞机的火箭发动机,燃料箱用的是改进过的航天飞机的外挂燃料箱,两侧的固体燃料推进器用的也是改进过的航天飞机的固体燃料推进器。_____。火箭是非常复杂的东西，设计并制造火箭需要考虑的因素太多，就连火箭制造商们也只能去选择一些经受过时间考虑的产物，从而确保产品的可靠性。

填入画横线部分最恰当的一句是（　　）。

A. 这是因为新技术的推广需要一定的时间

B. 这并不意味着火箭技术没有任何新的进展

C. 事实上，制造火箭的材料并不都是前沿科技产物

D. 也就是说，在火箭这个领域内并不是最新的就是好的

[答案：D]

言语理解的题目一般都很长，并且每个选项之间还有相似性。要是没有技术支持，只靠语感，得不到高分。言语理解最大的障碍就是难以长时间集中精力。笔者还是建议大家要摒弃语感，按照辅导书中的方法，一步一步地解题，这才是科学的解题方法。在平时练习的时候要心无旁骛，在题干中画出关键词，想象题干描述的场景，就不会出现眼睛在看题，脑子飞到九霄云外的情况。在实际考试的时候，言语理解的位置比较靠前，很多同学看到后面题量很大，心态可能就崩了。但是不管状态有多不好，大家也一定要咬牙一次性做完言语理解的40道题，不要想着等一会状态好了再返回来。一是因为考试时间不够，二是数量关系。学会调整好心态，努力在言语理解部分拿到30分。

第三个模块是逻辑推理。很多人对这个模块不太重视，现在给大家列几道题感受一下：

（1）从所给的四个选项中，选出最合适的一个填入问号处，使之呈现一定的规律性（　　）。

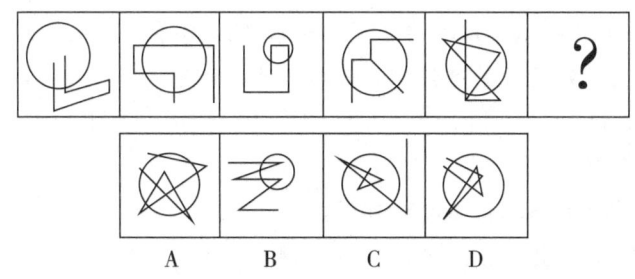

[答案：C]

（2）有调查显示，部分学生缺乏创造力。研究者认为，具有创造力的孩子在幼年时都比较淘气，而在一些家庭，小孩如果淘气就会被家长严厉

呵斥，这导致他们只能乖乖听话，创造力就有所下降。这项调查最能支持的论断是（　　）。

A. 幼年是创造力发展的关键时期
B. 教育方式会影响孩子创造力的发展
C. 幼年听话的孩子长大之后可能缺乏创造力
D. 有些家长对小孩淘气倾向于采取比较严厉的态度

[答案：B]

可能大家看到第一题的时候就已经有点糊涂了。逻辑推理模块的题目可以细分成四种类型：图形判断、定义判断、类比判断、逻辑判断。上面列举的第一题是图形判断，第二题是逻辑判断。小琦建议大家在备考这个模块时把辅导书中的知识点全部罗列出来，然后找对应的例题去理解。图形判断是小琦的软肋，他把辅导书中列举出的几种情况全都背过，做题的时候一个一个地去试，一开始可能做题速度会比较慢，但熟悉了之后他一眼就能看出题目是考的哪个知识点。小琦认为这个模块得高分的秘诀就是多练。

第四个模块是数量关系。这个模块的题目都不是很难，考的也都是初中、高中的知识，甚至还有小学的知识，一共15道题。只不过，同学们进入大学后就没怎么学数学，有些知识点已经生疏了。这个模块最难的是巧妙的解题方法。比如牛吃草问题，我们按照常规的方法列一个二元一次方程就可以，但我们开始的时候说过，"行测"考试一道题最多只有50秒的解题时间。50秒估计很多同学连方程组还没列出来，更不要说算出答案了。所以，大家要有一种从头开始的意识，掌握辅导书介绍的常规题的非常规解法。有些辅导书中甚至可能会有一些秒杀的方法，当然并不是所有的题都可以秒杀，大家还是要掌握基本的解法，老实本分地按照辅导书推荐的方法解题。

一片草地（草以均匀速度生长），240只羊可以吃6天，200只羊可以吃10天，则这片草可供190只羊只的天数是（　　）。

A. 11　　B. 12　　C. 14　　D. 15

[答案] B

[解法] 根据核心公式可得：

$$\begin{cases} y=(240-x)\times 6 \\ y=(200-x)\times 10 \\ y=(190-x)\times T \end{cases} \Rightarrow \begin{cases} x=140 \\ y=600 \\ T=12 \end{cases}$$

数量关系在备考阶段同学们会出现两个极端：有一部分比较惧怕数学的同

学，可能心里已经想着要放弃这一模块了。但千万不要有这种想法，数量关系平均每题1分，是"行测"考试中平均分最高的一个模块。如果放弃，就相当于一开始考试的起点就比别人低15分。况且这几年国考的数量关系题不是很难，小琦讲到他身边的同学"行测"考七八十分的大有人在，所以千万不要放弃。另一个极端是，有的同学坚信自己的老方法，拼了命地按照老方法刷题。结果耽误了大把时间，这个模块分数也没有很大的提高。大家平时每天抽出一个小时，练习基本的题型就足够了。考试的时候，遇到很难的题要学会放弃，千万不要在一道题上浪费时间。

最后一个模块是资料分析。大家注意，这个模块是有机会冲击满分的。唯一的难点就是题目中会涉及一些统计术语，如环比增长、同比增长。在备考阶段，大家可以把遇到的统计术语和相关公式记在本子上，没事的时候就翻看一下。资料分析一定要天天练习，从而提高计算速度，这个模块得满分就胜利在望了。

对于"行测"考试整体来说，一定要先看设问，带着问题读题干。这一点真的很重要。小琦的做题顺序一般是言语理解、资料分析、推理判断、常识判断、数量关系。

二、申论

前面简单介绍过国考的考察重点其实是申论。申论的考试时间一共是150分钟，在此期间要完成5道题。这5道题就是申论的考察内容，分别是归纳概括、综合分析、提出对策、应用文以及大作文。申论的题干由五六篇材料组合而成，这五六篇材料看似散乱但中心主旨一般是同一个主题，比如2018年申论考题的主题是"2025中国智造"。对于申论的答题技巧，大家可以借助参考书系统学习。这里给大家分享小琦练习申论的一些心得。

首先，申论答题一定要严格按照总分总的形式。总：复述题干；分：分点答题；总：总结陈述。申论和高考文综一样，按点给分。所以，分点答题的重要性可想而知。

其次，小琦的申论培训老师要求，申论的答题要点一定要从原材料中找到原文作为论据。对于国考来说，分点，先进行个人抽象总结，再引用文中原话进行论证（当然，这一点需要经常练习）。

对于申论来说，得小题者得天下。小琦在准备考试时没有重视申论的小题，所以他的申论成绩不是很理想。希望大家一定要手勤多练。

三、专业测试和体测

对于90%的同学来说，考完"行测"和申论，国考笔试的征程也就结束了。但对于外国语院校的同学来说，报考非通用语职位的小伙伴还要加测外语。阿拉伯语、日语、朝鲜语、西班牙语、德语、法语、葡萄牙语、俄语的考生在"行测"的前一天加测外语，专业成绩与公共科目的成绩各占50%为笔试成绩。其他语种如越南语、泰语、波斯语等在面试时加测外语，占总成绩的15%。小琦身边的很多同学参加了中联部和外交部的考试，考完之后他们交流发现国家部委的专业水平测试形式都大同小异。下面以小琦2018年报考公安部的测试为例给大家介绍一下。

因为公安部的职位隶属于人民警察，所以专业测试的上午是体能测试。男生的项目是1000米长跑在4分25秒内，纵跳摸高2.65米以上，10米×4往返跑须在13秒以内。大家可以从1000米长跑的标准看出，体测并不困难，就是大学体测的及格标准。当时参加公安部体测的男考生5人。可能是太久没有锻炼，最终只有小琦和另一位考生通过了测试。体测合格是进行专业测试和大面试的前提，体测不合格，当场就会签考生证明离开考场。所以有志报考公安部的同学平时一定要加强体育锻炼。

下午的专业测试一共有两轮。第一场是笔试，时间为两个小时。考试一共两道大题，第一道题是中文翻译成越南语，材料是习近平主席2018年的新年贺词。第二题是越南语翻译成中文，材料是2017年国务院发布的中国警务报告。总的来说不是很难。

第二轮是专业面试。面试一共有三个环节。第一个环节是中越同声传译，材料是习近平主席出席2017年APEC会议的致辞和越南总书记招待习近平主席的国宴讲话，每则材料大概10分钟。总体上难度不大，讲话中都是同学们的日常用词。第二个环节，考官给了小琦一篇越南语的短文，有两分钟熟悉材料，然后朗读出来。最后一个环节是考官与小琦进行越南语的对话。

总的来说，小琦觉得专业测试的难度中等。小琦记得面试快要结束的时候，面试官用越南语和他说，他们对小琦的专业表现非常满意，小琦当时心中一阵窃喜。最后发放成绩的时候，小琦的专业成绩是96分。

笔者认为小琦的成功与他日常的积累是分不开的。从大二准备外交部遴选考试开始，学习越南语就成为小琦生活中和吃饭睡觉同等重要的事情。他个人比较推荐中国国际广播电台（CRI），平时他比较喜欢浏览CRI上面的新闻，因为上面的新闻更新及时，语言也很地道。他对政治方面的材料比较感兴趣，习近平主席2016年、2017年的新年贺词小琦都在CRI上面找到翻译版本并背过。每年两会的政府工作报告和十九大的文献翻译版也会第一时间在CRI上更新。新年贺词和政府工作报告绝对是外语学习者的宝贵财富，里面会对我们国家现在流行的政治经济文化术语做总结，比如"四个全面""五位一体""经济下行压力""软着陆""人民的获得感""贫困退出机制"等。小琦平时会把两会报告的中文版和越南语版一起打印出来，对照学习，久而久之，词汇量越来越大。有的同学可能比较惧怕专业测试里的即时翻译。按照这种方法训练，你会发现句子中的生词变少，翻译材料里基本上全是你认识的单词。

可以说专业测试短时间内恶补的成效不大，需要同学们平时认真积累。

洋洋洒洒说了这么多，不知道同学们有何感想。小琦一直觉得自己和国考之间有一种谜一样的缘分。刚上大学的时候，他对自己所学的越南语专业非常排斥，甚至可以说有一些抵触。他很感谢自己的专业老师，那时候的他像一块废铁，是老师们慢慢地与他沟通，将他这块废铁身上的铁锈慢慢打磨掉。渐渐地，他开始接受这门语言，并爱上这门语言。小琦到现在还记得，他参加专业测试的时候，还在感叹，大一的他是怎么也不会想到，四年后，他可以如此熟练地掌握并运用这门语言。这个被他排斥了近一年的专业，用一种最刻骨铭心的方式最后帮助他实现了最初的梦想。

下面这段话是小琦写给学弟学妹们的：

"我一直很敬佩各位即将踏上国考和考研征程的学弟学妹们。前几天，我去图书馆还书，看到学弟学妹们紧张复习的样子，记忆如洪水般涌来，我仿佛看到了人群中的自己。4月和5月真的是一个很尴尬的时间，我们感觉自己离踏进考场的日子还很遥远，但仔细一算，除去各种假期和上课的时间，能给我们认真复习的时间已经不多了。经历完国考，我觉得内心也变得强大了。临近毕业时，各种企业招聘机会接踵而至，看着身边的这个同学找到了好工作，那个同学又拿到了某个知名大学的录取函，身边的舍友又在向你分享着他找到的工作待遇如何如何好，有的同学可能开始迷茫，接着就开始胡思乱想，想着自己考试失败，前途暗淡。于是，一部分同学放弃备考，开始中途找工作。还有一部分同学一边四处发简历，一边准备考试。但是，我真心希望，你能坚持到最后。届时，花开六月，你会手持录取通知书，为你当时的坚持而骄傲！"

【亮点点评】

"'国考'，可以说又是一次千军万马过独木桥的较量。""每位参加'国考'

的人都会付出百分之二百的努力,以免被他人挤下去。"身处现代社会我们做的每一件事几乎都无法避免竞争,而且是激烈的竞争。近年来的"国考热",导致考试人数增多,考上公务员真的是一件非常难的事。然而我们身边总会有一些幸运儿,他们迎难而上,考取成功,让很多人羡慕不已。然则羡慕过后,当我们仔细解读这些成功者的经验时,我们不得不敬佩这些成功者付出了比常人多出不知道多少倍的努力,才有了今天让大家艳羡的结果。

小琦同学从大二就开始了公务员的考试准备,学习越南语成为他生活中和吃饭睡觉同等重要的事情。2016年、2017年习近平主席的新年贺词他都背过,关注每年的政府报告,关注十九大的信息,这份耐心、努力与毅力,试问几人能够做到?一切皆有可能,关键是我们是否肯为这个只有1%的可能付出100%的努力。

长风破浪会有时

"危楼高百尺,手可摘星辰。"用这句词形容星辰再妥贴不过了,她真的是一个敢于挑战、勇敢独立的好女孩儿。在这里我给大家讲述星辰考取选调生的艰辛而辉煌的经历。

时光如梭,在川外的大学时光已经结束,而星辰也即将迈上自己的工作岗位。四年时间里,在学习上,通过老师的谆谆教导和自己的努力,她熟练掌握了越南语专业的知识,了解了对象国的文化;在社团工作中,她积极投入,锻炼自己的组织协调能力和抗压能力。这些都为她的考公务员之路和今后的工作奠定了基础。

2018年12月,星辰参加国家公务员考试,"国考"没有越南语的岗位,只能选择如外国语言文学、文学等大范围岗位。大范围的岗位是十分难考的,录取比例达1:100,意味着100个人甚至更多人里只录取1个。虽然星辰这次"国考"——也是星辰的第一次公务员考试以失败告终,但是她并没有放弃,冷静分析原因之后她继续学习。2019年4月她参加了山东省选调生考试,并顺利地通过了笔试和面试。在此期间,她还参加了广东省省考和军队文职报考,这两次考试是有越南语岗位的,但因为她老家在山东,考上山东的岗位后,她就放弃了后面两个考试的面试资格。

星辰跟我谈了她的考试经历,她认为,在明确了自己考公务员的目标后,就要一直朝着这个方向去努力。考公务员是一条很漫长的道路,急不来,心态很重要,在备考期间一定要调整好心态,而且要摆正自己的位置。无论是笔试还是面试,都远达不到拼天赋的高度,就是比谁刷题多,谁的知识吸收得好。谁下的工夫多,谁就实力强。所谓"水滴石穿,绳锯木断",只要坚持下去,有一股不上岸不放弃的勇气和拼劲,最终肯定能顺利考上自己心仪的岗位。星辰从以下几个方面进行了总结。

一、关于笔试

准备笔试首先需要做好心理准备，想在行政能力测试和申论取得高分，不是一朝一夕就能一蹴而就的，切忌心存侥幸心理想蒙对答案，所以老老实实上网课、刷题才是王道。

1. "行测"。分为常识判断、言语理解、数量关系、推理判断、资料分析5个模块，每个模块都有各自的侧重点。星辰的答题顺序依次是常识判断、资料分析、言语理解、推理判断、数量关系。这个顺序不作为参考，星辰说，把自己最擅长、最能得分的模块放在前面，留出足够的时间去得有把握的分数。同学们可以先自己找一套"国考"真题自测，了解自己的答题准确率、速度等情况。

（1）常识判断。常识判断考点覆盖面很广，上到天文下到地理，时政、文化一个也不放过。答常识判断题靠积累，平时应多看新闻，了解时事热点。

（2）资料分析。星辰跟着网课学习做资料分析题的方法，资料分析是星辰5个模块中正确率最高的，一般正确率都在90%以上。资料分析就是在掌握了答题技巧后，大量刷题，刷题时要记录时间，最后要做到速度和质量双高。

（3）言语理解。平时不懂的词语、成语就靠积累，方法不会就学习再练习，做题慢就多刷题。逻辑填空是讲究逻辑的，要抛弃固化思维，切忌仅凭直觉做题。片段阅读也是讲究逻辑和理解的，虽然这部分题目看起来文字量大，但也有很多专业性强的段落。我们要学习做题的方法，一开始做题的时候可以慢一些保证正确率，之后再慢慢提速。

（4）判断推理。判断推理分为4个小类型的题：图推、类比、定义、逻辑。对于这4个类型的小题，学习方法、掌握技巧是十分重要的，而且要记住一个"坑"不要反复踩，把自己的错题整理出来常看。

（5）数量关系。这部分题星辰通常只留最后10~15分钟去答，正确率只有50%。

提高行政能力测试没有别的好方法，只有刷题刷题再刷题，整理整理再整理。

2. 申论。答申论题时一定要审清题目要求后再作答，每一类型的题都有不一样的特点，把握特点很重要。星辰说她做申论时经常从材料中摘抄，但摘抄得简洁明了，尽量做到忠于材料而不偏离材料。此外，平时还要做好知识的积累，词语运用要得当，推荐学习强国App，也可以了解时事热点。

二、关于面试

星辰在备考时报了面试辅导班。辅导班不仅可以教会她如何答题，更重要的是会让她看到自己的不足，督促她继续进步。星辰的笔试成绩是岗位第一名，一开始她的压力并不大，但是在上了面试班后，她发现很多小伙伴准备更充分，她开始着急了，每天上课听老师讲，课下整理材料，模拟答题。建议同学们可以找同学或朋友一起模拟面试答题，这样会有像考试一样紧张的氛围；独自一人时，可以对着镜子模拟答题，用手机录音，反复练习。在上考场的时候，哪怕回答的内容没有那么全面丰富，也不要怯场，面带微笑，声音洪亮，与考官有眼神的交流，衣服整齐干净，充满自信，发挥出自己应有的水平。

考公务员的时间跨度会很长，备考阶段要踏踏实实，一步一个脚印。考试没有成功的捷径，也不要认为公务员考试是找工作的捷径，要有客观理性的认识。备考过程很长也很痛苦，可以寻找志同道合的小伙伴一起备考，相互鼓励，也要及时自励自警，抓住每个考试的机会，去锻炼自己的心理承受能力，接受最好的结果，也要做好面对最坏情况的打算。

下面这句话是星辰说给同学们的："备考是为自己人生奋斗的一段值得珍藏的时光，而'上岸'也只是人生新阶段的起点，绝不是奋斗的终点。愿每一个你都能够学有所得，考有所获，劳有所悟，始终有一颗追梦赤子心。"

【亮点点评】

"不忘初心，方得始终"是我看了星辰的案例后的第一感受。对曾经梦想的坚持与守候是难得的，也是宝贵的，能坚持下来真的是不容易。

同学们经常把找到工作称为"上岸"，然而大家都清楚，这只是暂时的"上岸"，在一小段时间的休整后还要继续搏击三千尺浪。一路可能有暗礁、大鲸、险滩，下一次"上岸"却不知道会在何时。然而我们的人生就是在这样一次次搏击中、奋斗中体验幸福与美好，正如习近平总书记在多个场合强调"幸福都是奋斗出来的""奋斗本身就是一种幸福""新时代是奋斗者的时代"。可以说，这是习近平总书记的"奋斗幸福观"，是习近平新时代中国特色社会主义思想最简明、最通俗的表达形式，是对广大人民群众参与民族复兴大业、实现中国梦最有力的动员。"奋斗幸福观"告诉每个人：你在参与创造伟大时代的同时，也在创造自己的美好人生。把党和人民群众通过奋斗紧紧连在一起，把民族复兴和个人的梦想通过奋斗紧紧连在一起，这是新时代最有温度、最有力度的动员。奋斗，是实现梦想的必由之路。加油！

雄关漫道真如铁

"日月之行，若出其中。星汉灿烂，若出其里。"小星是本书案例中唯一的一名研究生，笔者之所以将她的经验分享出来，是因为她的经历特别有借鉴意义。

时光如白驹过隙，转眼研究生三年就过去了。小星从东北来到重庆，第一次漫步在三花路上，充满新奇与期待的感觉仿佛还在昨天。而现在，小星就要正式和川外说再见了。

小星作为一名即将毕业的研三学生，也作为一名即将成为基层工作者的2019年选调生，她有公司就业经历，也当过代课老师，还有考公务员的经历。

在本科四年级的时候，小星有过在公司工作实习的经历。她实习的公司是一家世界五百强企业，福利制度完善，岗位分工明确，只要求员工在自己的岗位上发挥好螺丝钉的作用。但是公司和宿舍两点一线的生活循环往复，让小星比较烦闷。因此实习期满之后她选择了离职，开始了研究生生活。

小星在本科期间也有过一些家教兼职经验，而研究生期间又有幸在川外当了代课老师。小星觉得教师是一个特别能给人带来幸福感的职业。她考了教师资格证，也查了许多学校招聘教师的信息，但是得到的反馈都是非高校的教师岗位要求招聘对象师范类学校毕业且专业对口，高校基本要求博士，小星当老师的希望逐渐破灭。研三上学期就快结束了，小星非常焦急，这时选调生招考信息也出来了，她就从考教师走向了考公务员的道路。

考公务员是背水一战。"国考"没有小星能报的岗位，所以她直接准备了选调生考试。备考的过程可以说是"如人饮水，冷暖自知"。培训机构有既定的课程表，小星每天早上七点起，晚上一点半休息。由于她是第一次备考，基础薄弱，所以每天课程结束后，她又定时分版块练题。第二天早上起来对答案、纠错，然后边洗漱边听新闻，又开始新一天的学习。

公务员考试的题分为两大版块——行测和申论。行测考试题量大时间短，考验的就是做题速度，速度的提升要靠大量练题。行测的题型包括常识判断、言语理解、判断推理、资料分析和数量关系。一定要明确自己擅长什么，可提升什么，该放弃什么。常识判断全靠个人积累；言语理解大部分人都难得高分；判断推理是小星比较擅长的，所以她尽量保证这一块不丢分；资料分析分值高，但解题思路简单，短时间的训练后分数提升较明显；数量关系小星就快速答题，尽量不在这上面耗时间。

申论是有一定的答题套路的，解答申论考题时对各种政策的理解程度及语言表达的规范性非常重要，这直接关系到后面的面试，因为申论和面试的思维模式其实是一脉相承的。小星有幸遇到了申论畅老师，他的申论答题踩点非常准确，讲题通俗易懂，名言警句不落俗套，小星花了一周的时间就把申论学得明明白白。后来面试前小星又学习了一些面试技巧，终于被顺利录取。

小星认为准备公务员考试报班与否，取决于自己的学习能力、岗位热度。如果自己悟性高、自律性强，那看视频学习就可以。岗位热度和学校专业与岗位区位相关，学校专业对于选调生来说非常重要，定向高校和双一流学校的男生岗位竞争最小，考前刷几套题都有可能入围。非双一流学校的女生岗位竞争较大，需要认真对待。"三不限"的岗位竞争大，招收外国语言文学类的岗位竞争普遍都大。从区位来说，离主城越远，竞争越小，入围分数越低，但是由于专业限制，主城一小时内经济圈的岗位，竞争可能大于主城区。

下面是小星想对学弟学妹说的心里话："公务员考试没有那么难，但是也没有那么简单。七分努力三分运气，运气包括报考岗位的热度、培训老师的质量、押题的准确度等。然而考不考公务员不重要，最重要的是根据自己的性格，选择自己喜欢的行业。喜欢金融，就去银行；喜欢习商，就去公司；喜欢教育业，就考教师资格证。也许刚开始会不尽如人意，但是自身足够努力就可以获得自己想要的生活。'雄关漫道真如铁，而今迈步从头越。'川外，有缘再见！"

【亮点点评】

舒伯在生涯发展理论中提出了自我概念，指个人对自己兴趣、能力、价值观及人格特征等方面的认识和主观评价。生涯发展的过程就是自我实现的过程。工作满意度与自我概念实现程度成正比。小星的经历给我最大的感受就是从始至终她清楚自己想要什么。作为一名研究生，她优于应届本科生的地方是有着丰富的实践经历，这些经历让她清楚自己未来真正想要什么样的生活。

当她在企业工作时，公司和宿舍两点一线的生活循环往复，让她烦闷。代课老师给她很大的幸福感，但是非师范专业和学历不达标，使她无法继续前行。于是她选择了考公务员。

竞争异常激烈的公务员考试大战中,她身处战场,冷静分析形势,知道如何尽量避免报考过热的岗位和地区,知道如何分析自己的优势和短板,以便在考场发挥出最好的效果。

小星既能很好地了解外面的世界,也能准确地定位自己,并会扬长避短,能很好地做到人职匹配,这是她考公务员成功的重要原因。

君志所向，一往无前

"宇志高远襟怀宽，航心可比金石坚。"宇航的经历非常让人羡慕，值得大家学习。

在与宇航交流他报考外交部的经历时，他打开微信寻找关于川外的秋景的文章，有一篇名为"川外之秋"的推送。这才是他印象中川外的秋天，不一定有遍地飘落的金色，但一定会有云雾缭绕的歌乐山和重庆雨天难以抵御的寒凉。操场上的积水倒映着教学楼与翠绿的歌乐山，勾起了他的回忆……

不知不觉，宇航在川外已经度过了三年多的时光，从入学军训到提交毕业论文的开题报告，好似一眨眼的工夫。但这一眨眼间，宇航经历了许多，学习了许多，想把这些经历分享给大家。他认为最主要的是以下几点。

一、培养学习兴趣，找寻前进方向

第一学年是学习生活的适应期，学习习惯的养成期，学习兴趣的培养期，其重要性不言而喻。大一是一个新的开始，不同于之前的学习阶段，大家又重新站在同一条起跑线上。小语种对大部分同学来说都是陌生的，所以培养学习兴趣，为之后的学习打下基础是大一最重要的任务。大学的学习生活与高中截然不同。宇航来自高考大省河南，为了在"百万人过独木桥"的激烈竞争中考出理想的成绩，宇航高中的学习目标性很强——就是考上好的大学。高中的老师就像牧羊人，时刻鞭策他们向目标前进。而大学则不然，大学的学习生活自由度更高，自己支配的时间也更多，这就需要大家明确目标，合理安排时间。大一会上专业导论课，这门课的重要性在于让大家从学长学姐的经历中大致勾勒出大学四年的生活轨迹，从而找到自己前进的方向。以宇航自己为例，他在专业导论课上了解到学长学姐们的出国经历，他们精彩的留学生活让他十分向往，于是他就给自己定下了大学的第一个大目标——争取公费留学名额。

第二学年是语言学习的积累期。语言学习中，积累是必不可少的，每个单词都是建成语言大厦必不可少的一块砖。课本上的单词当然不能放过，除此之外，也要试着去增加课外的阅读量，如较短的新闻等。一开始的确很难，但大家早晚要用到这些知识，与其让未来的自己手足无措，不如提前让自己适应它。万事开头难，只要迈出第一步，哪怕是一小步，日积月累也一定会有成效。宇航当时就没有注重课外阅读，没有养成好的阅读习惯，等到他发现优秀的同学都在这样做时，才意识到它的益处与重要性。

对于阿拉伯语专业的同学来说，专业四级考试是一个门槛，也是一次难得的自我检验的机会，因为大家会与全国的阿拉伯语学习者一起竞争。专业四级考试让宇航找到了自己的位置，认识到了差距，为之后的学习增添了动力。专业四级考试前，除老师规定要做的练习外，他更多地注重练习听抄和写作。课堂时间是有限的，在课堂上能练习的题目也是有限的，所以课外他就有计划地查漏补缺。同时他认为考试前也不要太过紧张，专业四级考试是过关性考试，并非高考那样的选拔性考试，相信老师、相信自己，发挥自己的真实水平就好。

二、外语学习是一场没有终点的长跑

第三学年和第四学年相较于前两年来说自由度更高，课程安排会相对少一些，但这并不意味着可以放松专业课的学习。就阿拉伯语专业而言，有的同学认为过了专四就"万事大吉"，大三大四可以专注于实习、兼职等实践性较强、对日后就业有帮助的事情。宇航认为大三的确是要开始考虑就业问题，思考日后的努力方向，但专业课依然不能放松。大三的课程不再像前两年那样注重于课文、单词、语法等，应更多地转向文学性与实用性。阿拉伯语的精读课使用川外吴昊老师和塞勒玛老师编的教材，教材内容文学性很强，包括诗歌、文章、诗剧等，还有很多阿拉伯文学家的信息。宇航感觉当时学习起来很难，也很疑惑这本书是否适合大三阶段的学习。但当他去阿拉伯国家学习时，他意识到那些文学家、诗句、故事都是阿拉伯人津津乐道的内容，掌握这些知识、了解这些文化，对日后的学习、工作以及与阿拉伯人相处都十分有益。笔译与口译课亦是如此，老师给的翻译材料都是精挑细选来的，包括一些文学作品的节选，熟读这些材料除了能提升语言翻译能力，对了解阿拉伯文化也十分有帮助。

在准备留学的过程中，他认识了很多优秀的外校同学和老师，还有来川外做讲座的有名望的老师。从他们身上宇航明白：外语学习没有尽头。宇航相信不止阿拉伯语专业是这样，其他外语学习都应该如此。外语学习需要常年的练习与积累，若是荒废了一段时间再去阅览外语内容就会感觉生疏。

三、中不偏，庸不易

宇航常自嘲他的留学经历"有传奇色彩"。正如他之前说的，他上大学的第一个目标就是获得公派留学名额，大二时他如愿以偿，获得了大三去苏丹留学的资格。或许苏丹这个相对贫穷的国家对很多人来说不是特别好的选择，不过宇航已经非常满足——苏丹的语言环境很好，非常适合学习，国内也有很多阿拉伯语学习者前往苏丹进修。就这样，宇航满怀期望等待派出。不幸的是苏丹由于长期低迷的经济状况爆发了大规模的游行示威活动，他的派出时间不得不一拖再拖，终于在2019年3月份他顺利抵达喀土穆开始留学。之后由于局势问题他又不得不撤回国内。尽管在苏丹只待了一个月的时间，但这一个月对他意义非凡。人在国外，远离祖国，反而让他暂时将家庭与学校的压力抛诸脑后，一心一意沉浸在学习中。这一个月让宇航对阿拉伯世界更加向往，让他更加渴望了解它的文化。他很不幸，浪费了那么多时间精力最终只在国外留学一个月；他又很幸运，一个月的时间给他之后的道路指明了方向。

接下来要谈的是宇航外交部遴选考试的经历。参加大二的阿拉伯语专四考试后宇航紧接着就前往北京参加考试。刚得知要考试时，宇航内心是拒绝的：第一，他认为和北京高校的阿拉伯语学生一起竞争他没有胜算；第二，遴选考试与专四考试时间相隔太短，他没有充足的精力去准备两场考试。后来在老师的建议和家人的支持下，他决定去试一试，就当见一见世面。但为了准备专四考试，他并没有参加学校组织的遴选考前培训，只去参加了面试辅导和学长学姐的经验交流会。可以说，宇航是在完全没有心理负担的情况下去参加这次考试的。他觉得放松的心态也许是他最终幸运地通过了初试的原因之一。考试分为笔试和面试，都比较注重外语能力和整体表现。宇航觉得面试最重要的一点是"做自己"，如何把真正的自己更多地展现给面试官是考生需要思考的问题。网络上有很多面试的经验技巧，这些技巧无疑是有帮助的，但如果完全依靠这些技巧，把自己的性格隐藏起来，就算真的获得了这份工作，它又真的适合自己吗？面试官在选人时是有一定标准的，他们会判断你是否适合这个岗位。所以在宇航看来，把真实的自己展现出来就好了。表现自己是必要的，但不宜太过张扬，保持中庸有时是件好事，不偏不倚，折衷调和。在遇到情景假设式的问题时要设身处地想象自己在面临这种情况时应该怎么做，而不是去思考这道题怎么答能获得考官的青睐。

中不偏，庸不易，这是宇航喜欢的中庸的处世态度，不太过张扬也不太过谦逊，不必没日没夜地学习，也不虚度光阴，如何把握好做事的"度"是一门学问。"庸"是不变，不变的是目标，是前进的方向。漫无目的的生活就像出海航行而没有指南针，给自己的学习生活多立几个目标，找到自己喜欢的、能够鞭策自己的方式，让自己每一天都向着目标努力。要自信，无论是北京学生还是上海学生，大家都在一个起跑线上，没有什么差别，只要肯付出，我们一定不会比别人差！

最后，宇航分享给大家的话是："我想感谢川外可爱的老师们、同学们陪我在这里度过的四年时光，我从他们身上学到了很多东西，无论是专业上还是生活上，他们都给予了我很多帮助。很快，我们将会离开学校，走向人生的下一个阶段，但经历一个个春夏秋冬的歌乐山不会变，就像我们的大学生活一样，一旦确立了目标，就不要轻易改变，相信自己，只要每件事都做到自己能力范围内的最好，实现目标并非难事。君志所向，一往无前。"

【亮点点评】

对于大学生而言，目标的重要性不言而喻。我们强调学生要进行生涯规划，其本质也是在让学生设定一个一个小目标，最后实现一个大目标；设定一个一个短期目标，最终实现一个长期目标。当然这里的最后，不是终点，而是另一个目标的起点。有目标的人生才有动力、有奔头，才会让我们更注重时间管理，更注重方法，才会让我们的生活更有效率，也会更加精彩。

托尔斯泰曾说过，生活要有目标，一辈子的目标，一段时期的目标，一个阶段的目标，一年的目标，一个月的目标，一个星期的目标，一天的目标，一个小时的目标，一分钟的目标。是的，无目标的努力，就如在黑暗中远征。大学生需要设定目标，需要为实现目标而努力。正如宇航同学所说："一旦确立了目标，就不要轻易改变，相信自己，只要每件事都做到自己能力范围内的最好，实现目标并非难事。"

第四篇

出国留学篇

路漫漫其修远兮

"春江潮水连海平，海上明月共潮生"。小亚是一位在各方面都严格要求自己、积极要求上进的优秀学生，这里给大家分享小亚的公费留学经历。

小亚2016年初入大学，她对大学生涯有一个基本目标，那就是申请公费出国留学。定下这个目标有两点原因：一是因为自身家庭原因，她清晰地认识到她的毕业方向是就业而非读研，而她又清楚地认识到海外留学的经历在求职中占有很大的优势；二是为了有更好的学习基础和更好的学习环境，她想出去见世面，迅速提高口语知识和专业能力。

为了达到这个短期目标，小亚从初入大学就拼尽全力去实现它。首先是专业知识学习方面，她从大一起就十分扎实地学习阿拉伯语基础，为了能获得很好的成绩，小亚每周至少五天都扎根图书馆，过着寝室、教室、图书馆三点一线的学习生活。大学比较注重综合素质的培养，因此在实践方面她也和同学们参加了很多演讲或者才艺比赛，获得了很多的奖项，也在此期间和同学们建立了深厚的友谊。不过小亚想说明一点是，不要特意为了加分获奖，而花太多时间去参加课外活动，因为那样会得不偿失，大学生最主要的任务还是学习。小亚还要提醒大家，在各种奖项评比中体育占的比重很大，因此身体素质的培养也是必不可少的。

在阿拉伯语专业四级临考之际，小亚如愿获得了公费出国约旦留学的名额，于2019年9月踏上了通往约旦的旅程，约旦的留学生活并不是一帆风顺，可能这就是所谓的好事多磨吧。

一、生活方面

约旦的生活条件比起其他的阿拉伯国家来说要好得多，但因为人生地不熟，小亚与一起留学的小伙伴们遇到了很多问题。在初到约旦她们遇到的最大的一个问题就是住宿问题。一开始她们一行六个女生住的是三室一厅的公寓，有配套的设施，公寓门口还有门卫，除此之外还设有门禁，宿管每晚点名，可以说就是高级版的宿舍。好景不长，她们开始与宿管产生了各种各样的矛盾，最大的一点就是由于文化差异，她们每日一洗澡的要求遭到了反对，毕竟约旦的水资源还是很匮乏的，因此她们选择了妥协。可在某一天课间休息的间隙，她们得知宿管将她们安排到了另外两栋双人住的公寓房，由于语言上的劣势与懵懂无知，她们在没有看房的情况下就把行李都搬了出去，而在得知新公寓的环境比较恶劣之后，她们和公寓负责人发生了争执。小亚记得大一的时候老师曾说过："如果你能成功跟阿拉伯人吵架，那么你的阿拉伯语水平就更上一个台阶了。"这是她们第一次自己解决海外生活上的问题，最后她们顺利搬到了一个更好的公寓。小亚说现在回想起来，这不是一件坏事。

二、学习方面

在正式进入约旦大学的语言中心学习之前，小亚和小伙伴们参加了语言分级考试，不负众望，她们大部分公费留学生都被分到了最高等级：八级。但这并不是结束，当她们进入八级班之后，发现她们根本不能适应高强度的口语表述练习。这时她们认清了自己的问题：口语表达能力弱，不能用阿拉伯语表达出老师想要的答案，缺乏对中东局势的完整认识。因此她们大多数都自愿地降到了七级班，开始了较适合自己能力等级的阿拉伯语学习。在国外学习期间，小亚充分认识到了自己阿拉伯语学习方面的不足，知识储备量不够。因此在留学期间，小亚每天会听一个小时半岛电视台的新闻，去图书馆结交阿拉伯人练习口语，也养成了看阿拉伯语原版小说的习惯。这样日复一日，小亚的阿拉伯语水平也有了大幅的提高。

三、文化方面

俗话说：入乡随俗，即使约旦是一个包容性比较强的国家，但这并不意味着留学生们可以穿着暴露，无视阿拉伯国家的穿着文化，这样做一是尊重文化，二也是为了保护好自己。另外在与人交谈的时候要尊重他人宗教，不要搞对立主义。语言中心是一个文化多元化的地方，在这里她们还认识了来自希腊、格鲁吉亚、土耳其、波兰等国的朋友，在这文化碰撞的地方学习不虚此行了。

小亚说，值得一提的是，因为她自己选择了就业这条路，所以在留学后期，她就开始寻找国内的实习机会。一次偶然的机会，让她赢得了大宇无限科技有限公司的远程实习机会，这份实习工作主要内容是联系中东国家"网红"进行商务合作。这份工作给小亚带来了很大的挑战，首先她要协调好自己一天的学习和工作时间，其次是她要有足够的专业水平以完成与红人的广告交接，最后她要有足够的谈判能力完成一轮又一轮的商业谈判。在完成了这些挑战之后，小亚发现自己对互联网行业产生了极大的兴趣，也为后面的求职确定了方向。不仅如此，小亚还深刻地认识到自己的优缺点，比如她有很好的表达与沟通能力，但是在做事时某些细节上又会有所忽略。所以说，实践是最好的老师，在一份实践工作中积累的经验真的不是课本上有的。

大四的秋招让没有准备的小亚碰过几次钉子，最主要的原因是她没有调整好心态，没有做好面试的准备，不过好在最后她也及时改正了。虽然她还是拿到了两个单位的录用信，但这些工作并不是小亚想做的，所以她都拒绝了。在这短短两个月的求职之路上，小亚悟出了"路漫漫其修远兮，吾将上下而求索"的道理，大学不是人生的终点，秋季招聘会已经结束了，她自己的心态也发生了转变，由焦虑变成了从容，未来的路怎么走，她已经有了目标，所以也不再迷茫了。

她说："大学生活接近尾声，感谢自己的努力和付出，为接下来更加艰辛的求职之路保驾护航。"

【亮点点评】

每一个学外语的学子都希望出国深造，虽然当今这个时代出国已然不是什么新鲜事，然而在异国他乡生活半年至一年以上还是能从各方面提高个人专业技能的。

小亚在留学生涯中克服了生活、学业、习俗、文化等方面的困难，收获满满。这与她勇敢地面对困难，不怕挫折、越挫越勇的性格有一定的关系。

性格是人对现实的稳定态度和习惯化行为方式的总和，表现为个体独特的心理特征。性格是在社会生活中逐渐形成的，同时也受个体的生物学因素影响。当我们从事与性格倾向比较一致的工作时，往往表现更佳，工作更有效率。

塞翁失马，焉知非福

"北方有佳人，绝世而独立。一顾倾人城，再顾倾人国"。笔者眼中的佳颖就是这样一位才貌双全、优秀可爱的女孩。下面要给大家讲的就是她留学的故事。

时光如白驹过隙，转眼间，四年的大学生活就要画上句号。佳颖回想自己大学生活，四年之间虽然充满了很多挑战，也曾经有一些失败让她感到沮丧，但如今回想起来，只觉得充实和满足。

佳颖的梦想是成为韩亚航空的一名乘务员。在大多数人看来，乘务员是一个"吃青春饭"的职业，工作时间、工作地点都不稳定，对女孩子来说算不上是一个好工作。但是她不在乎别人的眼光，这和她选择四川外国语大学的朝鲜语专业一样，是源自她对韩国文化的喜爱。佳颖将韩亚航空的乘务员作为她的就业目标，是因为她在大二时担任过第十一届"锦湖韩亚杯"中国大学生韩国语演讲比赛西南地区初赛的主持人；大四时，佳颖又作为选手参加了第十三届"'锦湖韩亚杯'中国大学生韩国语演讲比大赛"，并在初赛中取得了一等奖的好成绩，也因此获得了锦湖韩亚集团提供的去韩国进行文化体验的机会。种种机缘巧合，她参与了多次韩亚集团举办的活动，也认识了很多在韩亚集团的工作人员，佳颖的大学生活也因韩亚而变得更加充实，这些都坚定了她想进韩亚集团工作的决心。佳颖为了实现她的蓝天梦，努力学习朝鲜语，她的专业成绩也名列前茅，不仅如此，她还利用课余时间努力学习英语、健身等。2018年暑假，佳颖报名参加了中国首届智博会，作为一名光荣的志愿者，她接待了来自韩国高阳市的贵宾们。佳颖的学习生活以及她的课外活动都让她更加了解韩国，也让她的大学四年丰富多彩。

2019年3月，佳颖通过韩亚的简历筛选，进入了初试环节。初试环节只有两个环节：摸高和英文自我介绍。佳颖提前做了精心的准备，所以非常顺利地通过了初试环节。佳颖本以为能一路都这么顺利，但是蓝天梦最终还是止步于复试，她收到了令人沮丧的坏消息。佳颖在看到通知结果的邮件的第一行："我们非常抱歉地通知您……"她的大脑一片空白，顿时挫败感和失落涌上心头，佳颖沉默了很久。那一天，佳颖收到了家人和很多朋友的关心和安慰，最令她印象深刻的是一位韩亚的工作人员发给她的短信，短短的一句话却令她茅塞顿开。"塞翁失马，焉知非福"。佳颖决定重新审视自己，不能因韩亚的面试失败而一蹶不振！韩亚的面试失败就表示她不够优秀吗？不是的。佳颖想，这只能表示她目前暂时还不符合韩亚乘务员的选拔要求，也许表示还有其他更适合她的工作，也许她的人生还有更多的可能。

佳颖在经过冷静的思考，和导师讨论后决定，暂时不考虑就业，申请韩国的研究生。因为佳颖在大一就对韩国文化非常感兴趣，佳颖的导师向她推荐了成均馆大学的东亚学专业，也向她介绍了本专业的相关情况，如开设的课程、学院的概况等，也特别向她介绍成均馆大学的东亚学专业具有非常浓厚的学术氛围，选择这个专业也意味着在读研的时间里，只能潜心学习和研究。同时成均馆大学的东亚学专业在学术成果方面在世界上也是数一数二的，因此申请这个专业的也有来自清华、北大等名校的优秀学生，这也意味着申请东亚学专业不是一件容易的事。佳颖对韩国文化的热情让她最终选择了这个专业。申请韩国的研究生需要准备学校要求的相关材料。大学的成绩、语言相关的证书，以及获奖经历都非常重要。佳颖很庆幸她参加过各种演讲比赛和志愿者活动，这为她的申请材料加分不少。成均馆大学还看重学生的学习计划，所以申请者必须提交学习计划书。学习计划书可以反映出申请者对东亚学的理解、做了哪些前期准备以及想在成均馆大学学习的决心等。在准备的过程中，佳颖深刻地体会到，她虽然没能成功地通过韩亚的面试，但是在她以韩亚为奋斗目标而努力的同时，她已经积累了很多经验，也收获了很多。这些都成为她申请成均馆大学研究生的优势。佳颖参加的一些韩亚举办的活动，虽然没能成功地让她实现她的蓝天梦，但是却成为佳颖向研究生前进的助力。

最后佳颖想对大家说："'塞翁失马，焉知非福'。我相信，失去了一些东西的同时，我们一定也收获了别的东西。人一定要有梦想，梦想不一定能实现，但我们在为了实现梦想而付出的努力，成就了我们更多的可能。即使没能实现我最初的蓝天梦，但是我现在仍然坚信未来可期。"

【亮点点评】

佳颖的经历真的是可圈可点，那么优秀的她也曾遭遇"滑铁卢"，幸运的是她没有因此一蹶不振，没有沦陷于失败的阴影中，而是迅速确定了新的目标，义无反顾地前行。这才是最难能可贵的地方。

"塞翁失马，焉知非福"，这样乐观、从容的心态，才能面对生活的种种不如意，让每一次困难、每一个挫折成为促进自己成长和强大的契机。

运筹帷幄 逐梦远方

"谁谓河广？一苇杭之。"小杭留学的经历别样精彩，让我们慢慢道来……

小杭说大一开学第一课到现在仍历历在目，而如今，他们即将走出象牙塔，去探索充满无限可能性的未来。万发缘生，皆系缘分，当小杭得知被川外泰语专业录取的那一刻，虽然不是第一志愿被录取，但却有了另一种期待。回想起第一次翻开泰语书，扑入眼帘的是一连串密密麻麻的小蝌蚪似的泰语字母，她思索着，要是一段时间后她能学会这门令人"望而生畏"的语言，那是多么有成就感的一件事情。带着积极的心态，在不断学习的过程中，小杭对泰语的兴趣也逐渐浓厚起来。通过一点一滴的努力，小杭有幸获得了泰国政府互换奖学金，于大三学年赴泰国朱拉隆功大学交换10个月。

一、运筹帷幄，无惧彷徨

对于获得公派留学资格，小杭说，她相信机会是留给有准备的人。刚进入大学时，面对一门新的语言，小杭不敢放松懈怠。就泰语而言，基础阶段打好语音基础尤为关键。初学时，小杭坚持早读的时候开口练，运动的时候听音频，并且有空也会到图书馆一楼放声练。除此之外，小杭还好好利用老师纠音的机会来检验自己的练习成果，巩固语音基础。当学完语音可以进行基础会话，进而能够进行文章精读的时候，小杭的信心也在不断增强。小杭不去想能学到什么程度，因为她相信只要端正态度，把心静下来，在学习和生活中认为应该踏踏实实走好每一步，就是战胜自我的一种胜利。然而小杭知道除了要学好专业课，其他课程也要重视，保持成绩优良，特别是英语一定不能落下。除此之外，她一有机会就会多参加一些实践活动，锻炼自己的胆量，提升综合素质能力。她认为应该努力加强自身各方面的建设，把自己锻炼得足够强大，在耐心的等待中有所坚守，时机总会到来的。

交换学习的机会是十分宝贵的，竞争也很激烈，因此要耐心、细心地准备材料，包括留学基金委报名网站里所需的材料和留学院校的互换生申请材料。提交完所有材料后，就静待资格审核。通过资格审核之后，后续还会有许多步骤，这也是一种考验。

二、韶光荏苒，有梦就飞翔

2018年8月27日，小杭正式进入朱拉隆功大学文学院，开启期待已久的学习生活。由于是本科插班生，小杭要和泰国学生一起上课，因此要尽快调整自己，适应新的学习模式。整个学年小杭一共修了11门课，既有语言技能类的课，也有文化知识类的课。语言技能类的课有写作课、语法课等；文化知识类的课有与建筑、音乐、民俗等相关的课程。这类课程常常会有外出学习的实践活动，比如，老师带领他们到泰国国家博物馆参观学习，通过对文化珍品的深入探究和老师的补充讲解，能更好地学习泰国文化。

小杭说留学生活丰富多彩，但也并非想象中的那么轻松。平时上课一次便是3个小时，信息量非常大，如若不能及时整理，到后期会捉襟见肘。课下作业对于留学生来说难度也不小，自己要学会利用好图书馆丰富的馆藏资源进行资料收集，也可以多和泰国学生进行探讨。

第一学期在12月初放假，假期期间是有机会实习的。结合自己的意愿和各方面提供的条件，学生可以在本校图书馆当助手，到中小学当中文助教，到公司当客服等。有实习意向的同学在向学院申请获批之后就可以去实习了。小杭是以中文助教的身份来到曼谷瓦安缴学校给小学四年级至初中三年级的学生辅导中文（这个学校小学四年级以上才开设中文课）。小杭的整个实习阶段收效良好，以泰语为语言基础授课，既给泰国学生传授了中文知识，又提升了她泰语实际应用技能，收获了教学经验。

一个月的假期过后，进入第二学期。小杭在这学期选择了翻译课（中译泰），将和中文系的大三泰国学生一起学习。在与他们交流的过程中小杭发现，他们的中文阅读量很大，甚至有的时候她还回答不上他们的问题。这也引起了小杭的反思：一是应该扩大泰语阅读面，在掌握好泰语语言基础的同时也要打好文化基础；二是作为一个中国人，在学习泰语、英语的同时，也要提升中华文化素养，做一个既具有国际视野又有中国情怀的人。

韶光荏苒，小杭的留学生活累并快乐着。在这10个月里，能受到名师的指点，交到有趣的朋友，每天都有新收获，她感到十分充实。除了学习，泰国有很多好吃的美食、好玩的地方，还有很多值得体验的节日活动，这些都为她的留学生活增添了更多色彩。

三、学成归国，逐梦远方

大概在 2019 年 5 月中旬，小航就结束了所有课程任务。带着这近一年以来的积累，带着感恩的心情，小杭回到了祖国的怀抱。留学归国，又是一个新起点。找工作、考研、考公务员、出国留学、自主创业等多条路在等着她选择，她依然还在奋斗的路上不断尝试，逐梦远方。

留学经历对于找工作的同学来说会是一个加分项。在研究生推免复试时，留学经历也是个常会聊到的话题。比如老师会问留学时最喜欢的课程是什么，某门课程大概内容有哪些，有没有去感受当地的节日或课余参加了什么有趣的活动，留学阶段有无科研成果等。

最后，小杭想说的心里话是："我很感谢祖国给我们新一代青年人打造一个如此宽阔的学习平台。作为泰语专业的学生能到朱拉隆功大学学习是我人生的一笔宝贵财富，也是我毕生的美好回忆。我将带着去泰国留学的心得体会，向未来的路继续前进。远方，不是脚到达的地方，而是心超越的地方。我们要努力超越自己，不断前进！望向前路，无惧彷徨，砥砺前行！"

【亮点点评】

对于学习外语的川外学子而言，出国留学不是什么难事，难得的是公费留学。每一年的公费留学名额总是少得可怜，"僧多粥少"是常态，每一年为确定派遣名单，辅导员们也是一天从早忙到晚，最需要仔细算的就是学生们的成绩，所谓"失之毫厘，谬以千里"，有时得与不得的差距就在那零点几分上，所谓锱铢必较，最适合用在这个时候。

争取公费名额的法宝是优秀的成绩，认真对待每一门课，争取拿到最好的分数。当我们努力加强自身各方面的建设，把自己锻炼得足够强大，在耐心的等待中有所坚守，时机总会到来的。

不枉时光,砥砺前行

"夜发清溪向三峡,思君不见下渝洲。"渝溪是一位注重培养自己综合素质,积极参加各种竞赛及社会实践活动,适应能力强,团队精神强,能吃苦耐劳,品学兼优的大学生。

2016年9月川外迎来了第一届泰语专业学子,渝溪就是其中一员。她跟大部分泰语专业的同学一样,起初并不了解泰语,对泰语学习没有多大兴趣,甚至还比较抵触。当时的渝溪还不清楚自己真正热爱的是什么,除了泰语她好像也没有更好的选择,那倒不如听从命运的安排,踏踏实实学好泰语。她抱着"既来之,则安之"的心态开始了四年泰语学习之旅。好在渝溪遇到了可爱的老师们,他们帮助她慢慢培养起学习泰语的兴趣;她通过不懈的努力,对专业学习绝不掉以轻心的态度,渐渐取得了一些成果。

大一学年是扎实基础的关键、培养兴趣的开始。泰语学习的特殊性在于它入门较难,语音系统复杂,书写和表达也不同于我们熟悉的汉语或英语。渝溪一开始花了大量时间和精力打牢基础,练习语音和文字书写。一年来她严格执行老师的要求,周一到周五早上七点半早读,从高辅音、中辅音、低辅音,到单元音、双元音、复合元音,再到单词拼读、句子练习,一步一个脚印,脚踏实地、不厌其烦地练习。刻苦练习的前提是输入正确的语音语调,所以泰剧是渝溪的下饭必备,走在路上耳机里放的都是课文音频。另外,她经常主动向老师寻求帮助,纠正自己错误的发音;也虚心向同学学习好的方法,或者相约小伙伴一起练习发音、相互纠音。渝溪花了将近一学期的时间才学完语音部分,勉强能拼读单词。第二学期学校安排了一位外教教授泰语课。外教完全不会中文,渝溪泰语水平也仅限于会说一点日常的小短句,而且还不太流利。不过,渝溪偏偏就爱找外教聊天。就算刚开始和外教交流十分困难,渝溪听不懂也讲不出,但她听不懂就问,讲不出大不了多想一会儿,讲错了外教会帮她纠正,给她再重说一次的机会。日复一日,进步在不经意间实实在在地发生了,记不清是哪一天她突然就能流利地讲出一句泰语,也记不清何时起外教纠正她的次数越来越少。

2017年5月，平日的努力第一次得到了肯定，渝溪有幸代表川外泰语专业前往成都大学参加讲故事比赛，和来自全国各个高校的高年级学姐学长们同台竞技。虽然最终没有获得很好的名次，但这一次比赛于渝溪而言意义十分重大，它鼓励了她，帮助她发现自己对演讲的热爱，警醒她在泰语学习的路上仍需努力。渝溪说现在的她很感谢那个大一努力学习泰语的自己，过去的努力为现在的幸运悄悄地埋下了伏笔。

大二学年，渝溪在学习上已经慢慢步入正轨，找到了适合自己的学习方法，从积累词汇、精听精读、学习文化等方面不断提升专业水平。与此同时，这一年她勇敢脱离舒适圈，参加两个社团，积极参加实践周各类活动、元旦晚会以及校内其他活动。迈出这一步有些困难，渝溪也曾担心各种事务过于繁重而无法面面俱到，害怕学习和工作难以平衡，也担心自己承受不了那么大的压力。但难题终会被解决，如果不迈出这一步，渝溪必将失去很多来之不易的机会和荣誉。再者，大学生活不应该只有学习，还有更广阔的世界等着她去探索。就这样，她的生活被学习、工作、比赛填得满满当当，甚至有时压得她有些喘不过气。但渝溪清楚地知道，不是只有她很忙很累，这从来不是松懈的借口，因为成年人的世界没有"容易"二字。渝溪决不放弃，尽快调整状态，平衡心态，咬牙坚持，渝溪给自己定下基本要求，学习坚决不能怠慢，也要有条不紊地完成社团工作，竭尽所能多学多练。虽然最后渝溪的专业成绩受到一定影响，但有舍必有得，选择了繁忙的生活，必定将面临学习时间和精力大大减少的现实问题。很幸运，她做得还算不错，这一年参加的活动和比赛的加分，以及她努力学习获得的专业成绩与她获得国家互换留学名额有很大的关系。如今，渝溪无憾于她的选择，感恩那个听从内心并坚持不懈的自己。

渝溪大三有幸作为交换生前往泰国留学，泰语不再只是她的专业学科，而成为她生活的一部分。从下飞机的那一刻起，她和课本中、电视中的泰语真实相遇了。自此，她无时无刻不在输入和输出泰语。从课程学习到衣食住行，无一不在输出曾经从课本中学到的知识，当然，同时也不断吸收知识，更新知识库。初入泰国朱拉隆功大学，渝溪就迎来当头一棒，老师的语音语速、教学方式以及教学内容令她难以适应。在这里，不再只是单纯地学习泰语，而是研究泰语，以其作为工具学习更加丰富的知识文化。课堂上会出现许多不曾听闻的单词，跟不上课堂节奏的情况屡次发生，但渝溪课下会及时向老师或者同班泰国同学请教。与他们交流不仅能帮助她解决问题，更有助于她泰语思考能力以及表达能力的提高。学习之余，她真真切切地走进泰国人民的生活，在老师的带领下前往泰国各府实地考察，同出租车司机、保安叔叔、商贩大妈聊天，结交泰国年轻朋友，从他们口中认识泰国、了解泰国。

渝溪说："这三年是平淡无奇的三年，但也是问心无愧的三年。我不枉时光、砥砺前行，每个阶段都达成了一个小目标，从大一夯实言基础，到大二积累实践经验，再到大三内化语言技能，一步一步地向远方前进。每个阶段的收获都累积为我现在找工作的胸有成竹，是我人生宝贵的财富。平心而论，我很普通，不太优秀，但希望这样普通但也努力做到小有收获的我的经验，能对大家有一点点帮助。"

【亮点点评】

渝溪的经历看似波澜不惊、平平淡淡，但是看得出她对这个留学机会非常珍视，"课堂上会出现许多不曾听闻的单词，跟不上课堂节奏的情况屡次发生，但渝溪课下会及时向老师或者同班泰国同学请教"。在学习上这种严谨求实的作风，注定让她收获多多。在学习上如此，生活中，活动中亦是如此，因此大四时渝溪是女生里面最早与工作单位签约的，这得益于她平时的努力与勤奋。

"每个阶段都达成了一个小目标，从大一夯实语言基础，到大二积累实践经验，再到大三内化语言技能，一步一步地向远方前进。"大学四年需要这样的勤奋激励我们充实地过好每一天，"因上努力，果上随缘"。

青春须早为

"使君宏放，谈笑洗尽古今愁。"治宏是一位品学兼优的学生。她说："青春须早为，岂能长少年。"从牙牙学语到走进大学知识的殿堂，再到眼含不舍的泪水毕业离校，时光匆匆流逝，少年终将成长，将青春过得精彩，才是新一代年轻人该有的模样。

刚刚进入大学时，治宏对周围的一切都充满了好奇与期待。重庆，这座山城，见证了她成为更好的自己。大学是一片新的天地，在这里更强调自主性。像很多人一样，初来乍到的她投身许多社团之中，总以为加入足够多的社团才能让自己的大学生活更加充实。但随着课程的逐渐增多，她才发现过多的社团活动占据了大量的学习时间。适应了学校生活后，治宏开始重新规划，只留在了几个喜欢的社团，把更多的时间花在了自主学习上。

很多经历过高中艰苦奋斗的学生在进入大学后，认为大学的学习不再重要，社交才是主流。但恰恰相反，大学才是真正奋斗的开始。为了丰富知识，治宏在学习韩语专业课之外还辅修金融。当其他人轻松度过周末时光时，她必须付出双倍努力以兼顾两门课程的学习。每一次挑灯夜战，每一次感到疲倦想要放弃的时候，治宏都对自己说了千百遍："咬咬牙，坚持下去。"付出总会有回报，拿到优秀学生奖学金、被评为三好学生、获得舞蹈奖项、获得出国交换机会、被评为优秀毕业生……这些荣誉给予了她肯定，让她的大学生活意义非凡，更为她今后求学求职的道路增添了一抹色彩。如今回首这四年，治宏说要感谢当年的自己，每一次努力与不放弃，都成就了如今的她。

人外有人，天外有天，总有比你更努力、更优秀的人。在保研落选后，治宏陷入了考研和出国读研的纠结之中。权衡再三，她还是决定都尝试一下。准备出国材料的时限比较靠后，所以她全身心投入考研之中。考研的艰辛人人皆知，但真的要自己尝试过才能体会其中的苦楚。治宏从开始备战到12月考试，短短几个月的时间对她而言却度日如年。繁重的学习任务压得她不过气，每日宿舍、图书馆、食堂三点一线的生活乏味无趣，但她没有轻言放弃。她对自己说："路是自己选的，你必须要走完。"治宏把所有的书都搬去图书馆，因为她知道只有在图书馆才能全身心投入，才能和无数考研学子并肩前行。治宏制订了每一日的计划，精确到从几点到几点完成什么任务，每完成一项就划掉一条，这样能让她感到有成就感。但考研是一场心理战，一件事情做久了总会疲惫。渐渐地治宏感到自己的效率越来越低，这条路越来越难走。疲惫时，她无数次想过要放弃，可又憧憬自己考研成功后的美好生活。在这样日复一日的矛盾心理中，治宏最终以3分之差结束了这场战役。一直以来治宏的成绩在班级也算名列前茅，也获得了不少荣誉，付出的努力以及内心的优越感让治宏一直坚信考研她不会失败。但现实总会给她重重一击，让她时刻鞭挞、反省自己。治宏失败了，她陷入了久久的悲痛与自我怀疑之中。明明努力过为何不能如愿？自己是否配得上"优秀"的评价？在长久的思考之后，治宏还是选择坦然接受这个结果，走上新的旅程。之所以称之为"旅程"，或许是因为3分之差落榜，让她像个过客一般；或许是因为再回首，努力过所以不后悔，可以欣然面对；或许人生就像是旅行，你必将在一段又一段旅程中提升自己。失败不可怕，毕竟从失败中体验、学习到的是人生路上宝贵的财富。

治宏始终觉得自身的韩语能力还远远不够，应该继续在学校学习。考研前她本就有出国读研的打算，考研的结果更让她别无选择，为了继续学习，她必须走出国留学这条路。韩国留学材料大概是在每年2月末开始准备，一开始治宏不熟悉流程，也询问了很多学长学姐，得到了很多建议，这些都让她少走了很多弯路。但权衡再三后，治宏还是决定通过中介申请，以确保不会出现纰漏。在第一阶段，她首先根据自己的爱好挑选了学校和专业。因为高中时选的理科方向，大学又辅修了金融，治宏挑选了经济金融学作为她的申请方向。根据这个方向，她又查询了韩国排名前20的学校的官网，逐一查找适合自己的学校，并最终按照高中低三档确定了3所学校。第二阶段，她仔细确认学校官网上的申请要求，成绩单、荣誉证书、在校证明、导师推荐信、存款证明等都要准备齐全，然后再经过公证处公证。第三阶段是投递申请。基本材料准备好后，就要开始填报名信息，当治宏写到自己的经历时，才发现自己所有的努力都不是白费。不管是哪一所学校，都必然会在众多申请者中挑选更加优秀的人，所以治宏获得的荣誉、奖项，参加的社会实践、实习，在这时都变成了武装自己的盔甲，让她变得自信且优秀。中介对她的经历给予肯定的时候，她深深感慨，这4年来自己的付出都很值得。所有申请步骤完成以后她松了一口气，虽然经历过挫折，但终于可以开始期待美好的求学之旅了。

治宏想对大家说："大学是一个过渡阶段。它像是青春的尾巴，抓不住就再也追不回。我很庆幸我没有因碌碌无为而荒废这段时光。大学的经历让我深刻认识到，这个世界从不辜负努力的人。'宝剑锋从磨砺出，梅花香自苦寒来'。趁着青春年少去历练、去提升自己吧。现在付出的每一滴汗水，都将成为你今后简历上浓墨重彩的一笔。不论你现在正处在大学的什么阶段，遇到过什么挫折，都不要放弃，在优秀这条路上无悔地前行吧。青春须早为，未来仍可期。"

【亮点点评】

治宏的大学四年的生活，真的是波澜壮阔。有各种荣誉、各种实践，这些造就了她的自信、坚强与独立。在考研路上碰壁后，她没有停止努力的步伐，毅然选择出国读研。因有辅修的基础、大学辉煌的经历，她轻松地申请到了心仪的学校，可谓"宝剑锋从磨砺出，梅花香自苦寒来"。

不是所有规划目标都能实现，所谓"计划没有变化快"，在规划受阻的情况下，及时调整、适应变化是非常重要的。你为一个目标所做的努力，其实在实现其他目标的过程中会起到非常重要的作用。最怕的是大学四年什么目标也没有，简历一片空白，脑海里面也一片空白。职业规划的意义在于目标的设定，以及为目标的实现而努力的过程。

越南印象

"又疑瑶台镜，飞在白云端。"小瑶觉得她 10 个月的越南留学经历，每一幕都仍然那么真实与鲜明。

小瑶记得刚下飞机的时候，河内内排机场的空气是燥热的。看着四周陌生的环境，听着陌生又熟悉的越南语，她的心也跟着躁动起来。小心翼翼地在机场换了越南盾，提着大包小包的行李，随手招了一辆出租车，她到达就读的大学。小瑶在越南的生活就这样开始了。

小瑶记得刚到宿舍的时候，对宿舍的环境比较失望。她们在越南住的宿舍是 6 人一间，每间宿舍有 2 个卫生间。宿舍虽然很大，但床和书桌的质量都不怎么样，刚到的时候，小瑶她们对此还有抱怨。然而住了一段时间后，发现在越南能住这样配有电梯的宿舍，已经算不错了。只要以礼相待，宿管科的哥哥姐姐也都很热情。她意识到勇敢地表达出自己的困难，不仅可以练习口语，也能让他们帮助自己解决问题。所以到最后要离开越南的时候，她内心虽满怀回国的激动，但也夹杂着不舍。

小瑶记得刚到学校时，对它的印象就是又旧又小。她留学的学校是人文社科大学，是越南国家大学的非常老旧的一个校区。整个校区只有几栋五六层高的建筑，没有操场，只有小小的教室和窄窄的楼梯。而在这样一个小得略显拥挤的地方，却充满了她的回忆。也正是在这个又旧又小的地方，小瑶遇到了一群博学的老师。他们有的幽默风趣，有的温柔耐心，有的严格负责……虽然个人风格不尽相同，但他们都尽心尽力地把知识传授给学生们。只要学生提出问题，他们都会耐心地解答，无论是生活上还是学习上，在需要帮助的时候，他们会尽可能地提供帮助。正是这样一群人，让小瑶的留学之旅收获了满满当当的知识。

小瑶记得去越南之前，她印象中的越南是朴实且静谧的。越南是一个正在发展的国家，各方面的水平不是很发达，人民是朴实的，到了夜晚四周都是安静的。然而在河内生活过才知道，越南除了朴实的长辈，还有新潮的年轻人；除了安静的小巷子，还有霓虹彻夜闪亮的商圈。这样一个"摩托车上的王国"，即使是在夜晚，也依旧车水马龙，灯火通明。小瑶本来以为越南的消费水平应该低于中国，但是到了河内，才发现原来并非如此。可能因为河内是越南的首都，物价稍微偏高，但基本消费水平也和重庆差距不大，除了火锅底料，各种生活必需品都能在河内买得到，所以小瑶在各方面适应得很快。

  小瑶在越南最幸运的事，是遇到了一个真诚的朋友。她是一个在职的、非常优秀的姐姐。因为机缘巧合，小瑶成了她的中文家教。与其说小瑶是她的家教，不如说是她们互相学习。小瑶教她中文，她也经常教小瑶一些非常地道的越南语用法，向小瑶科普越南的风俗民情，带小瑶亲身体验越南人的生活。她甚至邀请小瑶去她的故乡海防游玩，当小瑶的导游。在她家乡玩的那几天，小瑶也的的确确对越南人的生活有了更深刻的体验和认识。当然，除这些见识方面的收获外，更重要的是她又多了一个真心相待的朋友，这让远离亲人的她在越南感受到温暖。直到现在她也是小瑶一直念念不忘的好朋友。

  小瑶记得在越南度过的那个春节，是她迄今最难忘的春节。在越南整整10个月，中途没有回过一次家。听说越南人民过春节的时候不做生意，大大小小的商店、饭馆都要关门，于是小瑶和室友就决定去旅游。她们先坐飞机到富国岛，再一路从南向北，从富国岛到胡志明，再到美奈、大叻、芽庄、岘港……整个过程是既充满趣味又意外不断。她们游玩的大多是中南部地区，他们说的方言让学习北部音的小瑶她们有点懵。本来在河内已经完全能正常交流的她们，到了中南部又回到了刚到越南时的样子，反应慢半拍。因为不清楚景点和市场的位置，她们订的酒店位置比较偏远，交通不便。不过，她们在路上也遇到了健谈的出租车司机，一路上热情地给她们介绍景点，用仅会的中文和她们聊天，听到她们说越南语时又毫不吝啬地夸奖她们发音标准。还遇到了热心的民宿主人，卖菠萝蜜的可爱的老奶奶，以及半夜还起床给她们开门的欧洲小哥哥。大年三十，她们原本计划在越南最繁华的胡志明市过，然而再繁华也没能改变越南人民春节团聚的习俗，大街小巷都是店门紧闭。她们只好去便利店买了些方便面和薯片，3个人围着一个小手机，目不转睛地看着以前只是家庭聚会背景音的春节联欢晚会。画面虽然略显心酸，但那一刻的思乡之情也比任何时候都来得强烈与真切。

  在越南这10个月，小瑶提升最明显的是越南语的听力和口语水平。不得不说，学习外语，语言环境真的很重要。在老师的指导下，沉浸在越南语的大环境里，天天听，天天说，语言水平自然而然就有提高。当然，多出去走走，和卖水果的阿姨聊聊天，和卖衣服的大叔砍砍价，和兴趣相投的越南朋友多交流学习，越南语提高更快，对越南文化的了解也更深刻。在越南时时可学，处处可学，只要有一颗好学的心，一双停不住的腿，和一张敢说敢言的嘴，就一定会有所收获。

在越南这10个月，小瑶直到离开时依然不能适应的就是越南的交通。越南被称为"摩托车上的王国"，摩托车在越南是最普遍的交通工具，每个家庭都至少有一辆摩托车，所以在越南街头最常见的景象就是一条街道上四分之三的交通工具都是摩托车。摩托车数量多少其实不重要，真正让她无法适应的是骑车的人不怎么遵守交通规则，人行道红绿灯基本是摆设，摩托车在出行高峰期也会直接开到人行道上，速度还很快，所以每次过马路都是一场人与车的较量。小瑶说在越南过马路一定要看准时机，最好是跟越南人一起，注意身边的车辆，匀速慢行。

除了交通情况，在河内的吃住都挺好，就是离开了国内的网购和随处可移动支付让人挺难适应的。因此小瑶也不禁感叹中国的便民设施真的很完善，一直在进步。因为糟糕的交通环境，在越南时小瑶更加想念国内的地铁、轻轨……每次想到这些，自豪之感油然而生！这些真正为人民服务的工程都凝聚了许多中国人民智慧的结晶。小瑶说她一直都在享受这些成果，从没有付出过什么。如今在学校与国家的帮助下才有机会出国留学，有机会见识到更广阔的世界，她希望有一天也能用她的所见所学为国家为人民做出贡献。

"路漫漫其修远兮，吾将上下而求索。"为了迎接那一天的到来，小瑶一直在努力！

【亮点点评】

小瑶在跟我分享留学经历的时候，我最真切的感受就是她很有情怀。在越南时，那里的人，那里的景，那里的一切都让她感动和不舍。而更为重要的是在交通、设施等方面的对比中，她感受到了作为中国人的自信与自豪，那份愿意努力、拼搏，将来为国家、为社会、为人民做贡献的赤子之心更加让人感动。

作为外语院校，我们将学生送出国学习外语、锻炼能力、培养综合实力的同时，我们也是在进行中国文化的传播、中国声音的传递、中国故事的讲述，而要做好这些，除要求各方面的高素质外，我们更看重的是一颗真正的"中国心"。

充实而快乐的越南留学之旅

"归志宁无五亩园，读书本意在元元。"元元是一个非常优秀的学生，她的留学之旅可以称为"留学攻略"。

2018年9月到2019年6月元元到越南河内的越南国家大学的人文社会科学大学校区留学。在10个月的留学生活中，最值得一提的应该是元元的"穿越"之旅。春节时，元元和同学两个人背着背包，穷游了23天，从越南北方的河内到南方的胡志明市，一共走过了9个城市。走到南方的时候她们已经是一脸沧桑，皮肤晒得像碳一样黑。她们甚至去了越南的西原，西原算是越南的偏远地区，也是少数民族的聚集区，越南和柬埔寨的交界处。之后，元元又独自去了宁平、老街、下龙、海防等城市，她基本上把越南的城市走了一遍。从越南回国之前，元元还去了一趟印度尼西亚，本来她还想去马来西亚和新加坡，但是因为签证很难办就没有成行。元元说，基本上每个出去留学的同学都少不了到处旅行。所以她建议有喜欢旅行或者想在留学结束之后再到其他国家旅行的同学可以提前做好准备。在东南亚，廉价航空很多，打折时机票只需要300元到400元人民币。但是大家在旅行的时候一定要提高自我保护意识，一定要注意人身安全，如果可以尽量和同学结伴出行，不要一个人单独行动。

元元说，留学的时候，当前一两个月的新鲜劲过了之后，大家都会开始从淘宝上买东西，开始找中餐馆。越南、韩国、泰国这些国家离中国都不远，跨国快递都很方便。在这里元元还有其他的一些小窍门分享给大家：(1) 越南旅行团网站。如果大家想要周末的时候跟团旅游，可以关注一下越南比较有名的几个旅游网站。(2) 下载各种App。比如Grab，这个软件类似中国的"滴滴"，大家可以在上面打出租车，在整个东南亚都是通用的。(3) 办银行卡。如果可以的话，建议大家办一张留学地的银行卡，会有很多用得到的地方。比如，如果想要预订旅行团，需要用本地银行卡转账付款，用Grab打车的时候有本地银行卡也有很多优惠。

元元还提醒说，很多同学都有在留学期间找兼职的想法。最普遍也最好找的兼职就是中文家教，其次就是一些短期的翻译。这些资源可以问学长学姐推荐，论坛上有招聘中文家教的群，微信上也有招聘短期翻译的群，大家都可以去尝试，工资待遇还不错。元元在一个中越公众号做推文编辑和歌词翻译，她有一个同学在一家律师事务所兼职，翻译中越法律。大三下学期大家也可以尝试在越南找一些长期兼职，为毕业后找工作做准备。在兼职的过程中不仅能赚到生活费，最重要的是能学到经验和知识。当然，在做兼职的过程中大家也要注意安全，尽量从正规的渠道找兼职。留学的同学常开玩笑说宿舍是"口语的坟墓"，所以平时就算不兼职也尽量不要总待在宿舍。大家可以寻找当地帮助外国人学习语言的公益组织，参加他们组织的活动。河内就有一个这样的公益组织叫"High5"，元元在组织里面认识了她最好的越南朋友，每个周末她们都会见面，一起聊天或者探索美食、风景。还有一个国际志愿者组织AIESEC，在很多国家都有组织志愿活动，大家可以去组织的网站上深入了解一下志愿活动的情况，有兴趣的话可以去参加他们在当地组织的活动，相信一定能收获与众不同的经历。元元还建议大家周末大家可以多去咖啡馆、市场、健身房，不仅可以充实自己，也能学习更地道的口语。元元说，如果有同学喜欢瑜伽的话，去越南留学的时候一定要尝试一下瑜伽。很多健身房的瑜伽老师都来自印度，有兴趣的同学可以用较低的价格学到正宗的瑜伽。在越南留学时，只要提前与宿管商量你甚至可以选择和其他学校，甚至其他国家的留学生住在一起。在宿舍区有很多来自日本和韩国的留学生，有想学日语、韩语的同学也可以好好利用机会与他们交流。

　　元元还提了一个非常好的建议，她说："留学最重要的还是学习。大家应该珍惜留学的时间，学好自己的专业知识，当然也不要忘了多练习英语口语。如果有准备考研或者保研的同学，在留学期间就要开始着手准备了。如果想参加保研夏令营，大三下学期就要开始申请。大四开学马上就是学院保研人选确定，紧接着就是参加保研面试，如果不提前准备就会捉襟见肘。另外，留学期间也是收集论文材料的好时机。比如在越南，有很多资料和数据是在网上找不到的，必须自己到图书馆去查阅或者去书店买。如果在越南的时候没有想好论文选题，也没有收集相关资料，回国之后收集越南的资料就很困难，只能依靠网上比较有限的数据和信息。相反，如果在越南留学期间就把资料大致收集好了，回国后论文的时候就会顺利很多。大家也可以跟越南的任课老师交流自己的选题意向，老师会给你很多建议，也能帮你收集数据和资料。"

【亮点点评】

　　元元的经验分享真的是干货多多，可以看出元元是生活中的有心人，在将近一年的留学生活中，专业学习、异地旅行、广交朋友、运动休闲、探索美食、收集资料等通通做得非常好，而且每一样做得都有方法、有巧劲，看似平淡、轻松，实则是背后进行了认真的观察、思考、体验和总结后才有的"真经"。

　　出国留学对于很多学生来说有很多好处，能够帮助学生不断提高自己各方面的能力。让学生在学习和生活方面都发生较大的变化。祝愿每个怀揣留学梦想的学生都能实现梦想，能够像元元一样充实而快乐地度过难得的留学时光。

阿拉伯语国家留学经验分享

"九万里风鹏正举。"鹏宇是一位有内涵、有能力、有担当的优秀大学生。他的留学经历干货多多,从以下几个方面向大家分享。

一、留学项目简要介绍

1. 公派留学

关于国家留学基金管理委员会(以下简称"留基委")公派留学,"留基委"是直属于教育部的单位,资金主要来源于国家留学基金计划的专项拨款,是负责中国公民出国留学和外国学生来华留学的组织、资助和管理。

2019年"留基委"选派简章中规定,提供30 000个名额给各个学术阶段和专攻领域的同学,其中,优秀本科生国际交流项目计划选派3000人,选派类别为本科插班生。而我们学校每年分到的公派留学名额就是从这个项目中产生的,名额数量和项目对应国别是由上层调配而不可控的。公派留学由留基委承担学生留学期间的全部费用,包括前期的签证费用、往返机票及留学期间的日常生活费用,学费则根据两国留学协议由外方承担。

鹏宇争取到的就是公派留学名额。鹏宇从大一就开始为争取公派留学名额做准备。他建议有类似计划的同学从大学一开始就应该重视自己的学习成绩,争取在各项比赛中获奖评优,积极竞选学生干部。他认为不应该把这些努力看作功利的表现,这些经历带给大家的收获和成长远不止获得公费留学资格。但公费留学资格的评选确实需要量化参考这些标准,因为最终评选是利用大家前三学期的奖学金评比分数进行综合测算,而学校奖学金评比则是采取集德智体美为一体,以智育也就是学术标化成绩为主导辅以各项加分的评比模式。

2. 校级合作项目自费留学

校级合作项目自费留学一般指根据我校与国外高校签订合作协议,我校学生可以以自费形式前往对方学校留学。其中阿拉伯语的校级项目合作对象主要是阿尔及利亚特莱姆森大学。阿拉伯语专业的学生可以于大二下学期进行申请,在大三上学期前往特莱姆森大学进行一个学期的学习,在国外修的学分可以充抵我校大三上学期的学分,整个项目的学费、生活费、交通费和签证费用都需要自理。这对于学习外语的同学来说也是一个不错的选择。对方院校在阿尔及利亚非常出名,同时也是前往阿尔及利亚的国家公派留学生的留学地点。

东方语学院在 2019 年上半学期已经与土耳其的伊斯坦布尔大学达成了合作协议,2017 级或 2018 级的学生有机会申请这个项目。虽然土耳其是非阿拉伯语国家,但其大环境与阿拉伯国家大环境近似,参加这个项目也是一个很好的提升自己的途径。我校与以色列的巴伊兰大学也有校际合作关系,可以通过申请自费留学前往以色列进行交换留学,具体情况要前往学校国际处进行咨询。以色列境内有约四分之一的阿拉伯人口,阿拉伯语也是以色列的官方语言之一,也是一个很不错的留学机会。

除此之外,我校与其他院校,如北京外国语大学达成过合作协议,我校学生可以通过他们的校级合作项目,与他们的学生一起前往埃及等地留学,但每年情况都在变化,有意向的同学需要咨询阿拉伯语教研室的老师们。值得注意的是,在合作条例之外的项目我们是不可以选择的,因为学分不可以进行相互转换。

3. 公派留学与自费留学项目的优势和劣势

公派留学的优势是含金量高,有助于同学们将来的求职、研究生面试及国外高校的申请。同时因为公派留学生可以得到外方高校的高度重视,不管是教学质量还是学校资源都会略好于自费项目,公派留学的同学还有机会获得参加驻外使馆或者孔子学院组织的活动的机会。公派留学时间长,有助于提升语言水平、融入当地社会,留学费用完全由留基委和外方院校承担。

公费留学劣势就是它具有契约性质,如果突发意外状况导致无法顺利完成课程或者提前回国,后果只能由自己承担,而这种情况在阿拉伯国家实属常见。留学时间长,可能会影响国内的研究生考试准备和大三下学期的实习。而且申请公派留学需要前期付出极大的努力才能脱颖而出。

自费留学优势是可控性高于公费留学,毕竟是自己支付学费,自己对自己负责,且大三下学期备考研究生或寻找实习的时间充足。在无法获得公派留学名额,且意向为毕业后直接就业的情况下,自费留学是一个非常好的方式,可以提升自己在求职过程中的竞争力。国外生活和学习的经历有助于同学们拓宽自己的视野,同时适应在国外工作学习的生活,毕竟我们将来的工作极可能需要长期驻外或者经常外派。

自费留学的劣势是项目的游学成分较重,如果没有很好的自我管理能力,极可能荒废阿拉伯语学业。3 万至 4 万元的留学费用对大部分同学而言可能会有些压力。而且在大部分人都选择自费出国的情况下，可能会降低你在秋招企业中的核心优势。

二、公派留学的注意事项

鹏宇还提到了公派留学的一些注意事项：

前期和抵达后各种手续的办理。公费留学前期的手续办理是非常复杂的，包括各种材料的提交、国际旅行体检、疫苗接种、合同公证等。注意准备材料一定要有条不紊，迅速及时。

材料提交完毕后需要交予留基委进行审核，审核通过之后便可以接到录取通知函。之后需要与留基委进行及时密切的沟通以完成确定派出时间，签证办理和机票预订等流程，因为老师们都有许多工作需要完成，且需要与驻外使馆进行接洽，所以反馈不会非常及时，需要同学自己主动询问。

抵达之后，按照正常流程需要前往驻外使馆报道，同时准备办理在国外长期居留的居住证。办理过程中是不会有使馆工作人员予以协助的，所以大家要尽量与学校的学生事务办公室保持联系，询问是否有专门的学校代表协助办理居住证，还是学生直接前往移民局办理即可。值得注意的一点是，在临行前需要仔细检查各种材料是否携带完备，特别是留基委的公函，学生自己的护照，留学合同公证书等，还要多印几版各种尺寸的证件照以备不时之需。

生活上，刚到达目的地后肯定有些许的不适应，大家需要尽快进行自我调整，努力习惯用阿拉伯语进行日常的沟通和交流。

鹏宇讲到在北京时，他们前往一个国家的小分队很快做到了彼此熟悉和融入，到达当地后尽量避免单独出行，随行人一定要安排有一个男生，因为阿拉伯国家毕竟不像中国这样安全，更多时候还需自己多加警惕，注意个人安全。

在外一定要听从驻外使馆和学校的安排，不允许外出或出境旅行时千万不能以身涉险。阿拉伯地区交通情况混乱，尽量避免乘坐当地的大巴而是选择地铁、正规的士等。在保证自身安全的情况下，多去与当地的老师和大学生接触，尝试当地的美食，浏览当地的名胜古迹与博物馆，提升自己的格局，扩大眼界，深入了解阿拉伯文化习俗，这在提升语言层面之外亦是一种宝贵的收获。

学习上在抵达后就及时询问学校报到等事宜，因为阿拉伯人的行政效率不高，需要大家自己多多上心。开课之后若无语言水平测试，多与老师沟通阿拉伯语学习上的想法，老师也可以据此调整课程进度、难度与各类知识的比重。

学习过程中多去进行自我表达，鹏宇他们刚到学校时，学校领导就表示，中国学生不是笔头功夫差或者语言基础不牢固，而是不擅长听与说，以说尤甚，所以在语言环境高度契合、班级规模小的情况下，大家应该多与当地老师进行课堂和课余的互动。

在学校有资源去进行科研和实地调研的情况下，多去争取相关的机会，对你了解自身发展方向，回国后国内升学和国外申请都有莫大的好处。

如于如何处理突发状况。若是出现健康问题，及时联系驻外使馆、同校的中国学长学姐、老师，询问该如何解决。切忌拖延病状，一定要及时就医。因为在阿拉伯各国都有大量的中国务工人员，也有一些规模尚可且比较靠谱的中国医院，尽量前往这些医院，防止医患之间沟通出现障碍。

若是出现政治局势上的紧急情况，及时联系大使馆工作人员予以求助。同时密切关注中国、美国等使馆网站发布的消息，关注境外网站的实时新闻以追踪事态的发展。

鹏宇还建议尽量减少外出以免出现安全问题。如果不得已需要外出采购，保证行动迅速，快去快回，尽量安排多名男同学完成采购任务。政治动荡时，阿拉伯国家会经常出现断网断电的情况，一定要每天将自己的移动电源充满，并且提前保证网络之外的与外界的联系方式，如开通国际漫游，存储使馆、学校电话等。

【亮点点评】

鹏宇同学的分享内容非常丰富，对于有出国留学打算的同学来说绝对称得上是"宝典"级别的材料。从留学项目的介绍、途径的获得，到留学期间学习、生活、突发状况处理等方面，都给予了详细的解说和分享，真的是非常实用、干货多多。

留学阿拉伯语国家相对于去其他国家，可能情况要复杂一些，从政治局势、宗教信仰、文化差异甚至行政效率等方面，都需要同学们认真面对、悉心处理，这些方面鹏宇都做到了详细的讲解和耐心的指导。

留学丰富人生蓝图

"沧海月明珠有泪,蓝田日暖玉生烟。"玉婷是一位懂得专注与坚持的优秀学生。她在留学期间,虽然在生活中遇到各种困难,但当确定目标后,她秉持专注、坚持的信念完成了自己的学业,实现了自己的梦想。

玉婷说韩国给她的第一印象就是到处青山环绕,居住于城市之中的人们随时随地都能享受令人舒适的青山绿水的独特美景。

玉婷记得一位老师说过,要学习一种语言,就要把自己融入这种语言的气氛中。到韩国后,她深刻体会到这句话的重要性。在韩国的课程安排很紧密,大部分老师用韩语授课,小部分老师用英语授课。玉婷白天上课,晚上消化白天学习的知识,温故而知新。刚开始时玉婷有点不适应,感觉压力很大,慢慢地也就适应了,语言水平有了很大的提高,也能跟上授课老师的思路了。老师们讲课很认真,每天都能学到很多新知识。到韩国,玉婷的英语口语不是太流利,也不好意思开口说话,但她坚信一天进步一小点,一月进步一大点,一年上个新台阶。正因为有这个的信念,玉婷现在也能用英语跟老师交流了,感觉自己的英语口语能力提高了很多。深入学习让她认识到自己的不足,让她感受到了国外学生对实践能力的注重。大多数老师会把学生分成小组进行课程设计和展示,在与韩国同学一组时,玉婷能感受到韩国人对待课程设计和展示的严谨态度,多次组织小组开会讨论,当然,中国学生的基础知识之扎实也是毋庸置疑的。

玉婷提到韩国是一个尊师重教的国家。在韩国,学生对教师是非常尊敬的。留学期间会遇到各种各样的老师,既有亲切和蔼的语言培训教师,也有对学生真诚相待的学术大师……这些老师的教育教学方式以及对学生学习和研究的指导要求都各有特点。留学韩国,老师在学习过程中要注意语言、国籍等差异造成的价值观的碰撞,师生相处之道也是一门课程,是否能修好这门课程全凭个人的领悟。

韩国是中国的邻里之邦,从文化到生活上都和中国有很多相似之处,咖啡厅里,总能看见一些学生为自己的课业忙碌的场面。他们大多一边喝咖啡一边学习。韩国在生活方面是一个非常遵守秩序的国家，民众的自觉性很强。他们乘坐扶梯都是靠右侧站立的，左边留出应急通道。韩国很多服务行业从业人员都能听懂中国话，尤其是首尔。有时点餐后，他们还能用中文重复一遍，让玉婷感到惊喜和亲近。

在生活上，同学很和睦，玉婷和老师的关系也不错。留学期间要和同学们很好地相处，毕竟大家每天都要一起学习生活，有困难大家一起克服，一起解决，互相帮忙。玉婷接触了许多韩国同学，在与他们的交流中，了解了很多韩国年轻人的价值观和人生观。不同的文化背景和国籍并没有成为他们交流的障碍，反而让他们增强了对彼此的好奇心，敞开心扉，真诚交流，互谈心事，结下了深厚的友谊。

身为交换生，玉婷深刻体会到了优良的硬件和软件设施给学生带来的巨大便利。两人一间宿舍，空间宽敞，环境幽静，光线明亮，不仅是很好的休息空间，同时也是极好的学习场所。而且每层楼都配备了电视，既可以让同学们在繁忙的学习中得到放松，也为他们观看韩国电视节目提供了极大便利，锻炼听力水平的同时也了解到了校园以外的韩国。

韩国的学校食堂配有专门的营养师，每天制作不同的食物，补充学生所需要的营养，还有免费的健身房，给学生的供锻炼的场所。

在韩国留学时，学生在课余时间可以根据自己的爱好选修其他专业课程，也可以打工或外出旅游，以此来缓解学习压力，同时又能够充分了解社会，参与社会实践，增加自身阅历。玉婷充分利用课余时间到韩国各地旅游参观，体验了很多韩国的风土人情，这些经历使她更加深入了解韩国的本土文化。

参加国际交流项目可以说是给了学生个机会换个视角看待世界。韩国的大学国际化程度比较高，玉婷有更多与来自世界各地的学生高谈阔论的机会，了解世界各地的文化。在教学方面，韩国大学的国际化程度也很高。很多课程都由欧美教授使用英语教学和考试。

玉婷说她非常珍惜在韩国的这半年学习时间，虽然身在异乡，难免感到孤独和彷徨，但是有祖国的父母、学校、老师的关怀，她有了很大的动力，最终也以优异的成绩完成了学业。

玉婷最想说的是："真心感谢学院的领导及老师给我这次出国交流的机会。在韩国这半年里，我经历了很多，也成长了很多，最重要的是体验到了韩国的风土人情，拓宽了视野。这将是我人生中难忘的一段旅程。青春只有一次，我想我们应该趁着还能够改变青春轨迹的时候，创造更多的经历来丰富我们的青春蓝图。"

【亮点点评】

玉婷在韩国留学的收获很大,体会也很深。对于留学生而言,离开国内的舒适圈,去体验别样的人生,是一种挑战,需要一定的毅力和方法去应对。显然,玉婷适应能力很强,她以欣赏的眼光看待韩国大学老师们严谨的治学态度、学生们一丝不苟的学习态度,以及韩国大学营造的优良环境,包括学习、住宿以及饮食等方面。

去留学,有时不仅仅是体验、学习、开阔眼界,更重要的是能给自己提供一个了解自己、确定发展目标的契机。很多在国内学习过程中很迷茫的同学,经过一段时间的留学,确定了长远的发展目标,这可能是留学经历更重要的价值。

第五篇

实习实践篇

智博会志愿者感想

从最早的钻木取火和刻石凿壁，到现今的科学技术、人文风化双开花，人类一直从这远古的基因天赋中得到其他物种所得不到的恩惠。人类利用这一天赋，从茹毛饮血来到了信息时代。人类一直在改变着世界，一直在科技发展的道路上不断前行，现代人拥有的美好生活都是由不断发展不断进步的科技力量所带来的。社会的进程和国家的发展，在人类科技水平进步的基础上得以不断提升。

世界各国都在发展科技与智能产业，全球人类在这一同受益的大环境下，也在发展壮大各自的科技力量。作为世界舞台上的硬实力之一，科技发展极其重要。中国作为世界舞台上不可忽视的存在，也在不断创造创新科技，实现中国智能生活的产业化。2019年中国国际智能产业博览会（以下简称智博会）的目的就是向世界各国展示我们国家自己的科学技术成果和中国智能生活的现状及展望。在这里有着全球智能产业的新产品、新技术，以及新的企业生态产业链；这里有来自世界各国的客人共同见证中国的发展、技术的进步，有来自全世界企业与中国展开合作；这里有100多场的专业顶级论坛，中国的各界精英来到这里交流科技智能的发展经验，促成智能产业的重大合作项目。

小铭有幸参加了这次智博会担任志愿者。他认为本次展会最为重要的展示项目就是中国的5G研发成果。这次展会，随处可见的就是5G移动信号的标识，意味着这次展会的展厅全方位地覆盖了5G移动信号。这项科技成果是中国在国际范围内领先的技术，也是令世界各国所羡慕的先进高科技技术。作为智博会的志愿者，小铭在参与展会的各项活动中，看到了很多作为普通大学生在日常生活中前所未见的高科技技术，以及这次展会的主角5G。他在大开眼界的同时，感受到了国家的迅速发展，并且深深地为此骄傲。这些高科技成果离我们并不远，相信不久的将来我们就可以在日常生活中享受到它们带来的便利，给我们带来更加幸福的生活体验。

小铭说作为本次智博会的志愿者"蓝精灵"之一，他感到十分荣幸，能够为这次盛大的国际化平台贡献自己的力量，并且能够在这样全世界人民共同聚焦的高科技盛会上展示我国当代大学生健康向上、活力十足的精神面貌。小铭表示，今后在生活中会更加积极地使自己变得更好，以适应中国不断前行的步伐，在共产党的领导之下发挥自己的价值。

【亮点点评】

志愿服务活动经历对大学生成长有非常重要的作用。在志愿服务活动中，学生可以强化社会责任意识、规则意识、奉献意识，并能锻炼才干、开阔眼界、增长本领。我们要鼓励在校大学生积极参加志愿服务活动，在了解社会、贴近生活的过程中为社会进步和发展贡献力量。

2019年智博会坚持"智能化：为经济赋能，为生活添彩"主题，智汇八方、博采众长，重点围绕"会""展""赛""论"，集中展示了全球智能产业的新产品、新技术、新业态和新模式等。学生有机会参与如此高端的活动，自然收获不少。

"重庆市南滨国际戏剧节"志愿活动有感

黄磊曾说:"戏剧节其实就是我们一群戏剧人一起做的梦。"城市因戏剧而美丽,参与国际戏剧节,不仅能欣赏到精彩的戏剧,还能体会不同国家的风格和态度。

2019年6月,孟春有幸在"重庆市第二届南滨国际戏剧节"的活动中进行了为期4天的志愿者服务。她至今回忆起来仍觉得这是一场很有意思,也很有意义的社会实践活动。

南滨戏剧节由重庆本土的303戏剧社主办、长嘉汇购物公园承办的一场大型的国际戏剧节活动。其演出团队由来自8个不同国家的十几支艺术家团队组成,举办地在重庆南滨。

5月底,孟春偶然在303戏剧社的微信公众号上看到了志愿者招募的推文,便通过邮箱把自己的简历投递给负责人。在经过了简单的面试之后,她便很幸运地成为这次戏剧节的30个志愿者之一。作为志愿者,在戏剧节开幕的前一天,孟春到达活动现场进行了踩点和彩排,与组织负责人进行了工作安排确认。志愿者团队分成两批,一批全程负责与艺术家团队的接待、沟通和联络工作;另一批则负责演出场地的确认维护、演出汇报与演出现场的反馈工作。在剧社专业运营团队的指导下,他们各有分工,各司其职。

戏剧节的活动共开展了3天。但孟春认为这短短的3天,是充实的3天,饶有趣味的3天,充满活力与挑战的3天。

与以往志愿者纯粹服务的工作不同的是,在这次戏剧节里,孟春和她的小伙伴们不仅是工作人员,也是观众,甚至是舞台活动的参与者。有时候他们需要紧张地在舞台侧方进行演出团队确认、节目汇报等严肃的工作;有时候他们可以轻松地坐在台下静心欣赏精彩绝伦的表演;有时候他们需要独立负责戏剧论坛的宣传、嘉宾的接待与引导;有时候他们经常饭都顾不上吃就跑去中庭舞台当群演,支援快闪或辅助比赛;与此同时,他们也欣赏了来自重庆各大高校戏剧社团的青年戏剧表演和来自全国各地参加戏剧比赛的选手表演等。

在这3天的时间里,孟春和小伙伴们与穿着戏服的艺术家团队组成开、闭幕式的百人巡游队伍，在古曼巴乐队的咚咚鼓声开路下，穿梭在弹子石老街的街头。志愿者们与路人互动，拉着路人一起在音乐声里舞动、欢呼；被艺术家邀请上台，与小丑演员一起跳舞；配合默剧艺术家表演一场生动的节目……

孟春忘不了法国夫妻精彩绝伦的杂技表演；忘不了乌克兰团队的奇特魔术秀；忘不了后现代艺术家们的街头行为艺术；忘不了酷炫的街舞对决；忘不了……

孟春在这次志愿活动中结识了来自五湖四海的喜爱戏剧的小伙伴们。他们中有和她一样来自高校的大学生，有在国外学习音乐剧或是戏剧教育的留学生，有专业的戏剧人，也有来自各行各业的热爱戏剧的人。尽管身份各异、年龄不同，但在戏剧节里，他们都只是单纯的戏剧爱好者。这些兴趣相投的伙伴都给她带来美好回忆。

欢乐的气氛弥漫在戏剧节的每一天、每一场演出、每一次巡游。每一刻，孟春都享受在其中。工作时面临的每一个挑战都带着趣味性，因为这是一个包容的、开放的、全民参与的戏剧节，它让人感到放松、感到融合，任何困难都像是带着戏剧色彩。它让孟春在短短3天的时间里，与戏剧近距离接触，欣赏并尽情感受其中的活力与激情。孟春收获了真实的快乐。

开幕的那天，孟春见到了303戏剧社的创始人——袁野导演，他也这次戏剧节的发起人和策划人。在与他的交谈中，孟春了解到，袁野筹办这场戏剧节的想法是来自黄磊发起的乌镇戏剧节活动。他说，当他看到乌镇戏剧节在乌镇掀起了波澜不小的戏剧热给人们留下了全新的戏剧印象之后，他便也萌生了把这种活动带到重庆的想法。他希望通过自己的力量，通过303戏剧社这样的组织，号召更多的本土戏剧人，以这样的方式让更多的人聚焦重庆戏剧文化，见证重庆戏剧的发展。

那是孟春第一次见到袁野。袁野从言语中流露出的对戏剧的情怀和报效家乡的理想，让她真切地感受到了做艺术需要的坚持和执着。那种不忘初心，那种强烈的使命感，让她不由得对袁野心生敬佩。

这场戏剧节不仅让孟春体会到了实践工作的艰辛，更让她感受到了戏剧文化的魅力；不仅让她结识了一群可爱的伙伴，也让她认识了像袁导这样优秀的戏剧人；这不仅是一次社会经验的积累，更是一场精神上的旅行。孟春说："这也许是我们大学生要多多参与社会实践的原因之一：象牙塔虽好，但是社会的大花坛也美不胜收呀！"

【亮点点评】

虽然是仅有4天的志愿活动，但这4天是不寻常的4天，不仅让孟春感受了戏剧的魅力，也经历了一场精神之旅，放飞自我，追求梦想。

大学生了解外面的世界最好的渠道就是这种活动。在这里认识朋友，增长见识，还能更好地认识自己："我是谁？我要到哪里去？我喜欢做什么？我能做什么？对我而言什么才是最重要的？"这些问题越早得到答案，大学生们会走得越远，走得越好，步伐也必将更加坚定。

重庆大韩民国临时政府旧址陈列馆志愿活动有感

小雨于 2019 年 4 月下旬开始在重庆大韩民国临时政府旧址陈列馆做志愿活动,作为讲解员向游客介绍当年的历史。在这个过程中她不仅收获了很多知识,也感受到帮助他人的乐趣。

这不是小雨第一次做志愿活动,但绝对是让她最难以忘记的。小雨以前很小的时候和朋友去过敬老院慰问老人,因为就只是一天的时间,感觉自己并没有奉献出自己的力量。现在上了大学的她有能力和精力去帮助更多的人。10 天的讲解员,其实时间并不长,但是收获了很多从来没有过的体验与经历。

小雨听说同学在临时政府旧址陈列馆做志愿者的消息,就向他们要到了联系方式,开始准备这一次的志愿活动。小雨之前参加志愿活动时没有经过面试,所以一开始很是紧张,一直在询问班上的同学是不是很难,担心自己不能成为一名志愿者,不过最后还是如愿以偿。这一次志愿服务对于她来说真的是不同的,因为她原本并不是一个善于表达的人,甚至还有些内向,能够顺利完成这次志愿活动小雨说她突破了自己。小雨还记得第一次站在游客面前向他们介绍时的场景。她脑子里面都是背诵的稿子,脸上挂着僵硬的笑容。但她很幸运游客十分友好,从头到尾一直耐心聆听她的讲解。第一次讲解,游客的反应给了她极大的鼓励,让她感受到了自信。

志愿服务提高了小雨的责任感。当她穿上志愿者的衣服,挂上写有"志愿者"三个字的牌子时,她就感受到了责任的力量。因为是语言,历史文化方面的志愿服务让她意识到她应该怎样做。历史是不能篡改的,语言是要表达清楚的,讲解更要仔细耐心。这里,责任感变得更加重要。接待游客向他们讲解的志愿服务是有趣并且有些"惊险"的:有趣的是有些游客会给她说一些历史故事;"惊险"的是,有时游客会提出一些超出她知识范围的问题,让她不知所措。

每个周末到陈列馆里做志愿活动,充实了小雨的课外生活,让她知道了许多未曾了解的知识。小雨庆幸自己能够利用所学,发挥自己的长处,向他人传递自己的力量。在小雨看来,志愿服务不是个体的,是由个体向全体的一个的延伸。它将一个人的爱心扩大到了群体,向社会带了正能量。小雨说:"也许现在的我还没有达到这个境界,没有成为一个真正合格的志愿者。但是以后我会积极参与志愿服务,努力做好一个志愿者,给社会奉献出自己的微小的力量。"

【亮点点评】

从职业生涯规划的角度,一个人要了解自我,一般从兴趣、能力、价值观这三个维度去探索。探索的方式很多,但我认为最有效的方式还是去实践,实践中你的所思所想,实践中你的状态才是真正的你。

小雨是一个内向的孩子,一直都觉得做讲解员是自己无法做到的事,但是在实践中她做到了,而且做的过程中建立了信心和勇气,这就是实践的魅力。

邱县立信会计事务所实习心得体会

　　时光荏苒，转眼间已经是一名大三学生的小琪要考虑未来的工作与生活，也到了走出校园的象牙塔，走出课堂的伊甸园，在社会的大课堂中去见识世面、增长才干、磨练意志，在实践中检验自己的时候了。

　　于是在 2018 年的 7 月 31 日至 2018 年的 8 月 31 日，小琪前往邱县立信会计事务所实习。此次实习旨在锻炼自己，锤炼技能，体验付出才有收获的过程。

　　这次在事务所的实践学习开始于 7 月末，这是会计事务所最为繁忙的一个时间段，所以没有经验的小琪在一开始没能直接上手做事。在刚开始的一个星期里，她只能坐在前辈的办公桌旁去学习和观摩。在这一个星期中，她看到了如何开具发票，如何报税以及面对年检。在此期间，虽然事务所的前辈没有专门对她进行教导，但是小琪也通过前辈的各种书籍学习会计工作的相关事务。与她同期参与社会实践的还有专业为会计的同学，"三人行，则必有我师焉"，于是在这个时候，他们也是小琪的老师，她便经常拿着发票和账单明细向他们请教。

　　一个星期过去后，前辈也有了时间来对小琪进行教导，小琪便先从参与银行年检做起，这段时间便经常在各个银行和事务所之间奔波，可也在这段时间里，她知道了怎么和小微企业的老板沟通，怎样和银行柜员沟通，磨练自己的耐性。于是在这第二个星期，她在前辈的帮助下成功完成了三个小微企业的年检。当然，在这个星期，她也没有将全部的时间浪费在等待和路途中。利用每天刚上班时较为空闲的时间，小琪学会了怎样开具发票与电子发票。

　　小琪在第三个星期中开始逐渐参与税务项目，这个时候也是税务局对各个会计事务所内部员工培训的时候，小琪也参加了此次培训，这次培训的主要目的是介绍新的网上交税方式即河北省网上税务局与 E 税通的更新使用。因为邱县税务局对邱县会计事务所的委托，这个星期里，她主要的工作内容是税务局里的各个企业的税务缴纳情况。

　　在最后的这一个星期，小琪前往邱县立信会计事务所位于乡镇中的分所，处理的内容为周围乡镇的一年的财务情况。这一个星期的工作也使小琪具有了阅读手账的能力。而从乡镇分所回来后,她便参与了月末的申报,为前辈分担一些税务申报的工作。

到此,这为期一个月的社会实践便结束了。在这短短的一个月里,她和各种各样的人对话,增强了语言表达能力,也使她更能贴近人民的生活。小琪也发觉了自己的学习能力和实践能力,从一开始的完全不了解会计工作的状态到后来的为前辈分担工作,证明了小琪有勇气有能力在不同的领域去闯荡一番。她说:"我可以说这个暑假,我不是碌碌无为,毫无收获的。"

【亮点点评】

小琪作为一个学外语的学生,在毫无会计相关知识和经验的情况,敢于尝试崭新的事物真的是勇气可嘉。从她一个月的经历我深刻的体会到,身体力行去做,远远比空想、幻想不知道要强多少倍。

"实践出真知"是人人都懂的道理,但现实中我们更多被头脑中提前设定的条条框框限定了自己无限可能的发展机会。真的是可惜啊!年轻的大学生朋友,一定要给自己足够的机会去尝试新鲜事物,在尝试中、探索中了解自我、完善自我、实现自我。

桑杨社区实习心得体会

亚楠 2019 年暑期的实习单位为临淄区雪宫街道桑杨社区。这个社区管理服务范围为桓公花园、正承名筑等五个小区，范围大、居民数量较多。小区主要建筑类型为中低层，除小部分为十层左右建筑，其余基本为旧式的六层以下居民楼。另外，因为亚楠也是桑杨社区居民，所以对桑杨社区的工作更关注，在实习过程中对社区工作的体会也更深。

亚楠来到桑杨社区实习的第一感觉是"新"。首先是地址、装修新，桑杨社区居委会今年 6 月刚刚迁址并重新装修。所以亚楠实习时看到的居委会是崭新、整齐、宽敞的，跟想象中的狭窄办公室有很大不同。第二就是人员新。亚楠本来以为社区的工作人员以中老年为主，但在桑杨社区，社区工作人员大部分都是年轻人，有的甚至只比亚楠大几岁。以年轻人为主的工作环境自然也具备年轻人的所有优势：工作氛围和谐、轻松，对新制度、新形势的消化、理解能力强，对工作的热情高。而这种充满朝气、活力的工作氛围也感染了她，让她对桑杨社区未来的管理、服务工作充满信心。亚楠说实习期间社区的这群哥哥姐姐们对她非常照顾，他们的友好和耐心让她一开始的那种进入新环境的紧张和尴尬迅速消解了。

亚楠在社区实习期间主要做了两项工作：一是帮忙录入居民入住信息，二是协助开展"四点半课堂"活动。信息录入就是将登记在册的每户常住居民信息录入网络，这主要是为了统计小区人口数量，并将每户房屋信息对应到人。这项工作说来简单，实际操作也很简单，但是非常烦琐且枯燥，就亚楠个人而言，在不断重复了"读取信息—录入—翻页"这一过程后，尤其是在半天的工作结束后，经常会生出一种错觉，觉得自己变成了流水线上的女工，不断机械重复着同一个动作，而且不能出错。一个小区有十几栋楼，每栋楼有十几户人家，每户人家又有人数不等的居民，总体算下来有几千人，每个人的信息都要手动录入，着实是非常烦琐。其实一旦什么事涉及几千个人，都是烦琐的，这让亚楠认识到社区工作正是建立在这庞大而繁琐的基础上。

实习期间的另一个工作重点——"四点半课堂"，更是让亚楠感触颇深。

"四点半课堂"，顾名思义，即在中小学学生下午放学而家长尚未下班的时间段里，由社区担负起照看的任务，这也是桑杨社区的特色活动项目。而在假期，也就是亚楠来实习的期间，"四点半课堂"更多地开展了一些兴趣活动，丰富儿童的假期生活。活动每周都会开展至少一次，其中以做手工为主，在她实习期间开展的就有探秘鲁班锁、制作手工珠串摆件、造纸术体验等活动。社区联合公益社工组织，由专人为孩子们进行讲解并指导，而亚楠则担任助教的角色：课前负责签到、课上维持秩序并确保孩子们的安全、帮助拍摄活动现场照片、课后收拾卫生等等。

在与孩子们的接触中，亚楠深刻地体会到了现在的孩子们与十几年前，也就是她上小学时的不同。现在的孩子们享受着比十几年前更先进的互联网和科技产品，思维更活跃，自我表达更勇敢直率，但同时也更加忙碌，辅导班、兴趣班、作业、游学……孩子们几乎没有时间再进行户外活动，或是参加社区里这样的活动。仔细想来，学生们名不副实的"假期"从小学就开始了。

亚楠除了完成安排给她的工作，在观察其他社区工作人员工作时，她也对社区的工作有了更深的体会。桑杨社区的总负责人是单书记，第一眼看上去似乎有点严肃，但实习时间久了亚楠发现，单书记不仅亲切，而且非常干练。她跟社区的年轻人相处融洽，在面对工作中出现的问题和任务时，又透露出一股由经验堆砌而成的沉稳。目睹了单书记几次在面对居民关于社区、个人问题的扯皮时，一针见血地用关键问题让对方哑口无言后，亚楠开始有点期望在以后的工作岗位上，也能有这样坚定地引领、指导她工作的领导了。

亚楠说："通过社会实践，我学会了不断努力，适时虚心请教他人，不断提高自己。同时，我也深感我们必须在工作实践中勤于钻研，不断学习他人的长处，才能一步提高自己。其实工作中不一定有太多地方用到专业知识，更多的是我们要耐心、细心，一步一个脚印，脚踏实地地去工作，只有基本工作做得够好，才有机会展示更多的才华。"

【亮点点评】

大学生社会实践很多时候因为时间短、资历浅等原因，并不会执行太重要的任务，也很难有机会去面对非常困难的局面。然而有心人会在不太重要的岗位上，去体察和领会别人工作的不易与艰辛。这种观察力、敏锐度也是大学生未来适应职场和社会所需要的素质。

亚楠在社区工作期间，不仅熟悉了自己业务范围内的工作，也了解到了领导的脾气、秉性，同事们的特点、状态，"网一代"小孩子们的优势与困扰等。真的是心细如发，观察力和思考力都是顶呱呱的。对于职场新人而言，在埋头做事的同时，静心思考、细心观察、抬头看路也是非常重要的。

担当资助大使的收获

青云于2018年8月20日回到自己的母校遵义市第一高级中学进行资助政策宣讲。她的心情十分激动，不仅是因为再次回到母校，感受到了久违的亲切感，更是因为她能为她母校的同学们宣传我们国家及大学的资助政策。青云本人就是接受国家助学金资助的学生，她非常感谢国家和学校的资助政策，因为正是有了国家的这笔资助，她才可以集中精力学习，享受她的大学生活，朝着梦想前进。所以青云希望即将迈入大学的同学们能提前对国家的资助政策有些相应的了解，这样能避免一些因经济问题而失去难得的学习的机会的情况，也能少走一些申请办理资助手续时因不了解资助手续办理条件及步骤的弯路。

参加此次宣讲活动的大概有30多位同学。由于高三是学习非常紧张的一段时期，私下自己去了解国家资助政策的时间是非常少的。青云希望同学们能在她的这段宣讲时间里较多地了解我们国家以及我们学校的资助政策及相应条件和办理步骤，她在去宣讲前仔细查询和阅读了国家以及我们大学的资助政策，精心制作了PPT，以便同学理解。青云先为高三的同学们讲诉了我校对于家庭经济困难学生的资助政策——"三不愁"。一是"入学前不愁"，说的是如何去申请生源地信用助学贷款，她详细地说明了贵州省的生源地信用助学贷款的办理条件以及规章程序。二是"入学时不愁"，青云特别说明了川外的"绿色通道"的流程以及需准备的相应资料，并告诉了同学们相关注意事项。三是"入学后不愁"，指的是学校会采取不同措施给予贫困的同学精准资助。接下来青云详细介绍了国家各类资助项目，以及条件与评定方法。并告诉同学们不要害怕贫困，因为大家不仅有家人朋友的帮助，更有国家有学校的帮助，而且大家也要心怀感激，努力学习，在成就自己的梦想时，为社会贡献出自己的一份力量。

青云说："这次活动让我也受益良多。通过在假期对相关政策的解读，我也更加感恩国家对青少年的关怀。习总书记说当代青年生逢其时，也重任在肩。是的，青年兴则国家兴，这句话督促我更加坚定地往前走。只要自己努力，一切都不是问题，国家为我们青年提供了大好条件，我们要珍惜和充分利用。我们要为实现中华民族的伟大复兴,为实现'国家富强、民族振兴、人民幸福'的中国梦不懈努力,勇往直前。最后真心希望此次宣传能帮助到一些有需要的同学们,希望他们不会因经济问题而失去上大学的宝贵机会。"

【亮点点评】

习近平总书记说:"青年的人生之路很长,前进途中,有平川也有高山,有缓流也有险滩,有丽日也有风雨,有喜悦也有哀伤。心中有阳光,脚下有力量,为了理想能坚持、不懈怠,才能创造无愧于时代的人生。"青云在担任资助大使活动中受益良多。通过在假期对学校相关政策的宣讲,他们更加感恩国家对青年的关怀,更加懂得珍惜利用大好时光好好学习,为实现"国家富强、民族振兴、人民幸福"的中国梦不懈努力,勇往直前。

读万卷书，行万里路

俗话说："知者行之始，行者知之成。""近水知鱼性，近山识鸟音。""纸上得来终觉浅，绝知此事要躬行。"所以，小港一直坚信：书本可以教给我们无穷无尽的知识，而社会和实践真正教会我们如何生活。

小港是出生在农民的孩子，他感谢他的家庭，温馨和睦的成长环境且不论，至少这十几年的光阴让他有更多的机会和精力去体味所谓社会的艰辛与苦楚，而不是仅仅奔忙于学校和家的两点一线抑或是终日泡在网吧里消磨时光。小港从上三年级起，除了每日花两个多小时骑自行车往返在家和学校之间那段漫长的旅途，下午放学回家后还要拉个架子车割一车苜蓿踏着暮色归家。上中学后，父亲在外打工，作为家中的男孩子，他便代替父亲作为母亲的依靠经营着家中的田地……时间如白驹过隙，他如愿考上了大学，在这座山城里，他发现太多比自己优秀却比自己更加努力的人，他们不仅才智过人，还有丰富的社会阅历，甚至很多经常做社会实践的朋友莫名有一种奉献的精神和遇事能沉着冷静分析问题的大脑。那一刻，他觉得读万卷书要行万里路。

大学期间小港利用课余时间做过不少的实践活动。他曾往返于各个马路街头给形形色色的路人递一些刻满大字和图画的海报纸，清楚地记得每一位毫不情愿接过海报纸，然后还向他投以冷漠、鄙夷、不屑抑或厌倦的目光和那一声声充满恶臭的粗鄙恶骂。他也曾站上三尺讲台，面对一双双渴望知识的眼睛，给他们讲解知识，分享乐观的生活方式。他还曾踏上异国他乡的土地，操一口不甚娴熟的外语在一家炸鸡店工作，当他接受这莫大挑战最终得到老板的认可时，仿佛一时间所有的辛苦都一挥而散了。很多时候，可能经历过一两次，至少再让你去经历的时候就没那么怯懦想退缩了。当小港从异国他乡再次踏上曾经时刻热忱的这片热土时，当挑战再次向他招手时，小港甚至一个箭步跑过去抓住了它，这便是"一带一路"西洽会志愿者服务。突然要让自己用学习了将近三年的外语去做中韩贸易一对一的翻译并且促进双方的成交，至少当时的他心里没有底气，但值得庆幸的是他没有怯懦，更让自己惊喜的是他得到了大家的赞誉。小港想，这些经历是他在书本上很难学到的。

小港提到前段时间的一段公司实习经历恐怕是近一年来他感触最深的了。他说:"没有亲口去尝一颗葡萄,你就根本不会知道葡萄是酸的还是甜的,也只能人云亦云罢了。当你真正踏进一家公司想在那里奋斗青春时,你才发觉现实总没有想象的那么美好,当然保持良好的心态,事实也并不会那么糟糕。"那时他才知道,总以为摆脱了学校就远离了学习和考试,但事实是你可能要更加勤奋努力。你不仅要将公司的企业文化扎根于心,还要学习各种事物,形形色色的人又该如何去与之相处。小港所实习的行销岗位更是这样,不仅要学会如何跟人沟通,还要时刻记住一切的沟通都是为了促成交易。当然这一切并没有说的那么可怕,这期间,小港感触最深的有这么几句话:态度决定高度,细节决定成败;务实使我内心充实,修行让我更加自信。他真的非常感谢这份实习,其一,让他更加确信什么样的工作更适合自己;其二,通过这段实习让他更体悟到了什么才是真正的社会,也从此磨炼了很多难能可贵的品质;其三,这段经历带给了他难能可贵的自信和一些意想不到的人脉圈子,而这也正是他比同龄人更能展现优势和魅力的所在。

小港说:"读万卷书,行万里路。志愿服务、社区义工、街头快闪、文化下乡、红岩参观、见习实践……我想,有太多的机会让我们在知识的沐浴和吸吮下走出去感受社会中阳光的明媚。只有当自己真正迈出步子,真正经历了,才会切切实实感受到自身的成长,才能体味到付出与奉献的甜美,才会因为狂风暴雨洗礼后茁壮成长的小草的顽强而投以惊艳的目光,才会真正明白自己的路该往哪走,人生的意义又将何在。"

【亮点点评】

态度决定高度,细节决定成败。这是小港多次实习和实践后的真心体会。对于同一件事,不同的人会以不同的态度去面对,不同的方式去处理,最终也会有不同的感受和收获。其中的区别在哪里呢,其实就在态度上,就在细节的关注度上。态度的重要,在书中重复了多次,但其实强调多少次都不够,因为这真的太重要了。

身边常会出现的这样的例子,我们觉得很优秀的学生,用人单位却看不上,而我们觉得不如某某的人,却得到了录取通知。是学校与用人单位看人标准不同吗?不见得。其实用人单位很多时候看重的是态度,专心、专注、专业就是一种态度,努力、上进、能吃苦也是态度,而态度往往决定了高度。一个有高度的人当然会受欣赏和青睐。

假期公司实习心得

小瑶在从韩国留学交流回来以后，积极参加校内的韩国学生的中文培训活动，这加强了她的韩语听说读写能力和沟通能力。同时与她一起交换的中国学生相比，她深知自己能力的不足。在韩国的时候她也通过自己的努力，联系上了不少参与实习活动的企业，并在韩国就用心准备了简历以及面试。最终通过了卓汉文化传播有限公司的面试，得到了韩语及行政实习生的职位。

在找实习的过程中，她仔细搜寻各大软件以及公众号的工作岗位，并努力寻找符合自身能力，能够锻炼自身技能的职业。因此，小瑶认真准备并撰写了简历，懂得了简历是面试成功的一个基石，是得到面试机会的一个重要条件。经过不懈努力她终于得到了一个实习工作机会，与在重庆的韩国人接触，锻炼自己的韩语听说读写能力等多项专业技能，同时也锻炼沟通能力、社会人际处世能力。

当小瑶刚开始进入工作当中的时候，她对这项工作是充满好奇的，小瑶是第一次进入社会，感觉自己成了一个职场人。她原以为这项工作是很容易的，但是恰恰相反，任何工作都不是容易的。经过两个月的实习她明白了三点未来急需要加强的技能与经验以及这个行业在重庆的发展前景。

一是专业能力是必需的。作为韩语专业的她，在这次工作中韩语业务应该是得心应手的，然而，仍然需要加强。比如，在对于每周需要中翻韩的文案上，由于没有具体的韩语翻译经验，导致了她工作上的出错。在和韩国客户沟通方面，小瑶的韩语还不能够完全熟练、流畅地交流，韩语口语能力急需要加强。小瑶决定以后私下一定要多结识韩国朋友，经常和韩国朋友交流；同时，努力认真地学习专业知识，加强与韩语的返利能力。

二是加强与人的沟通交际能力、为人处世的能力。小瑶作为大学生，很多时候对于外面社会接触都是很少的，所以当她这次接触到真正的韩国客户时，沟通交际能力不足，导致工作上偶尔会出现一些小疏漏。在和其他公司职员交流的时候，会突然没有话题，出现一些尴尬的情况。这些与人沟通交际的能力都是以后进入社会，以至于求职时必需的能力，所以小瑶说："为了提高我的交际能力和为人处世能力,以后会多多参加一些社会实践,参加学校的各种实践活动,锻炼自身的沟通能力和为人处世能力。"

三是除了自己本专业外,一定要掌握其他方面的知识。小瑶作为公司的韩语行政实习生,除了解决公司与韩国客户的对接问题外,偶尔也会处理公司的一些财政问题,比如收缴客户的产品费用、撰写活动文案、收集重庆关于韩国生活的相关信息等。这样就要求小瑶要努力学习如何拟写活动文案,如何想出一个特别的文案,怎样才会吸引韩国客户消费公司产品等。这些技能是小瑶所欠缺的。小瑶意识到可以预见现在的人才市场需要的都是复合型人才,自己光凭韩语专业是不够的,所以她现在私下也在学习新闻传播学的知识以及日语,并在准备相关资格考试,希望能有朝一日结合韩语,顺应人才市场需求,做一个复合型人才,为自己以后的求职努力。

【亮点点评】

大学生进行实践最重要的一个收获就是知道自己的不足,然后从不足中寻找未来应该努力发展的方向。

小瑶同学在这次卓汉文化传播有限公司的韩语行政实习生职位的实习过程中,知道自己在专业知识上、人际沟通上,知识结构方面都有很多需改进的地方。她的认识源于她的实践,实践有时是最好的老师,告诉我们哪里有欠缺、哪里需要补充。

扬州广播电视总台实习心得

大学四年如白驹过隙，按部就班的课堂生活转眼就落下帷幕，一个充满挑战与未知的新世界正等着应届生们叩开它的大门。小景作为其中的一员，与千千万万的同龄人无异，对未来、对这一场近在咫尺的探险旅程既憧憬又迷惘。

这种心情与她对所就读专业的看法存在很大关系，泰语专业，或者说所有的小语种专业，是不足以支撑应届生们完成工作的。语言仅是一种沟通的手段，掌握发音、记住单词、理解语法，都只是小语种专业的学生们漫漫征途的开端。在此之外，大家必须补充各式各样的背景知识以最大限度发挥出语言的作用，比如历史、政治、法律等等。正因如此，小景从未有某一刻产生过面对就业市场时已全副武装的信心。这也是小景选择进行大量社会实践的原因，既为消除自己的疑虑，又能充分精进自己的专业技能。

前往泰国交流的半年中，小景重新认识了这一热带国家，并且看到了中泰两国民间文化交流的庞大市场需求，曾经的传媒梦又在她心底燃起。她想如果自己能为建设中泰两国文化交流的友谊桥梁贡献一份绵薄之力，哪怕只是大浪淘沙中的一颗浮尘，也有其存在的价值。抱着这样的信念，小景在尝试了翻译与营销类的实习后，果断选择了与传媒相关的编导实习。2019年7月，小景走进了江苏某市的广播电视总台，成为了该台《今日生活》栏目组的一名成员，开始了为期一个月的实习生活。

《今日生活》栏目是立足于城市现代社会、经济、生活的时事服务类综合节目。节目致力于以更敏锐的触角、更开阔的视野、更娱乐的方式为观众提供更细致入微的服务，倡导健康积极的生活方式和消费方式，塑造全新的生活理念。节目将新闻性和服务性融合于节奏明快、真诚亲和的制作风格之中，既有引领时尚、服务百姓、消费维权的平台，又有生活咨询、市场分析、投资理财的特色。《今日生活》的收视目标群为关心自身生存、关爱自身发展、关注人情世象的最普通的老百姓，因此只要是对百姓生活质量有所提高和帮助的人和事都是《今日生活》关注的重点和传递的内容。

小景有幸被电视台选中，成为这一档民生新闻栏目组的编导实习生，并参与了多个重要项目，从中得到了绝佳的锻炼体验。进入陌生的工作环境，尝试未曾涉足的领域，激发出她的进取心和不愿服输的探索精神。短短一个月，忙碌的工作充实了小景的每一天，其间不乏挫败、委屈，甚至让她开始怀疑实习的选择是否正确，但这一切都被积极的工作氛围和团队精神打消了。

负责培训小景的老师来自中国政法大学社会学专业，可能是因为相似的跨专业工作经历，他对小景的职业规划和编导技能不吝指教。而其他工作小组成员也基本是"90后"年轻人，对生活充满希望，对工作充满热情。

小景说："年轻使得我们敢闯敢做，年轻也让我们不可避免地会犯错，但我们的团队理念正是互相帮助、互相包容，每一个错误都是向着更完美的作品进步的一块基石。这点作为实习生的我深有体会，无论工作抑或生活，但凡遇见束手无策的难题，请教前辈们总能得到及时又耐心的指导，而每一次犯错都能使我熟记与此相关的知识点。"

在电视台实习的一个月中，小景以实习编导的身份参与了栏目组的日常制作，亲历了两次暑期特别活动的组织。通过观察前辈们的工作，她深刻领悟到一名优秀的编导不仅需要负责前期的文案、中期的拍摄与后期的剪辑制作，更应该具备掌控全局的能力。

随着实习的结束，小景也越发理解当初进组前老师科普的《今日生活》节目的核心：我们的主张——轻松健康地生活；我们的态度——与老百姓在一起。小景最深刻的体会是："传媒工作是基于人类获取信息的需求诞生的，传媒人的一举一动都应以此为基准。即使日后从事的是中泰两国跨文化交流传播的工作也不外如此，紧跟时代趋势，促进两国人民对彼此的深入了解不正是每一个小语种专业学生的使命吗？这短短一个月的社会实践中我所收获的知识和信念，都将成为我人生中最宝贵的财富之一。"

【亮点点评】

"如果我能为建设中泰两国文化交流的友谊桥梁贡献一份绵薄之力，哪怕只是大浪淘沙中的一颗浮尘，也有其存在的价值。"这是一个作为外语专业学生的中国情怀，一份担当，更是一份责任。在"一带一路"深入推进的今天，越来越多的外语人才感受到了身上的重担和责任，义无反顾地投入到了这份伟大的事业中。

泰国位于东南亚，其经济经历过90年代的飞速发展，也经历"九八金融危机",目前是全球重要的新兴工业市场国家之一。泰国的制造业、农业、旅游业发展良好,给其与中国的"一带一路"合作带来了巨大的机遇。未来两国深入合作与发展离不开泰语专业人才贡献力量。

探索未知，走向未来

小婷曾经不知道自己未来的方向，也找不到明确目标，只是个时间的跟随者，在原地等待着。直到她等来了属于她的机会，于她而言，它就像一艘船，让她终于也能暂时靠岸。

——题记

机会来自偶然

"这里有一个翻译志愿者的工作，需要会韩语的同学，你们谁能做？"刚看到这个消息时，小婷脑子里第一个反应就是："我可以！"等待了这么久，不就是在等待这样的机会吗？于是小婷毫不犹豫地投了简历，令人惊讶的是，她第二天便收到了回复，对方向她提供了他们公司的情况，以及现在所掌握的资料，并表示，希望小婷可以按时入职。面对这样的好机会，小婷当即答应了他们，并且开始着手准备。

一方面，小婷开始调查这个名为"重庆渝贸通供应链管理有限责任公司"的企业，从这个公司的构成到公司业务渠道，只要是企业涉及的方方面面，她都详细地收集资料。根据资料显示，这家公司属于典型的国有企业，所经营的业务主要是帮扶重庆市内各类行业和中小企业扩大经营，面向市场，是一家经营稳定、业务面广、发展潜力非常大的公司，而国际业务正处于开发阶段。

此外，根据公司所提供的资料，小婷这次所负责提供翻译的韩国黄金柚子公司，占韩国柚子原液出口的1/3市场，目前正向中国国内的柚子产业抛出橄榄枝，希望寻求合作。双方了解不多，韩方前不久参加了中国进口博览会，不日就要应中方要求来到重庆，参加第二届重庆长江三峡（梁平）柚博会，讨论双方的合作事宜。所以小婷的任务就是保证对话和洽谈的顺利进行，增强双方了解和信任，促成合作。

另一方面，小婷开始学习和了解关于柚子相关的知识和专业术语，并且开始恶补关于商业谈判的知识，以及梁平柚子相关产业的运营模式，韩国公司在此之前制作柚子茶和各种产品时所采用的原料的特点。事无巨细，时间紧迫，小婷知道自己万万不能放松。在这个过程中，小婷了解到，中国最出名的柚子品种分为三个，分别是福建文旦柚、广西沙田柚和梁平柚。其中，梁平柚子因为地质特殊，其味甘甜，带苦，其中所含有的苦麻素成分是整个柚子果肉的最有营养价值的地方，多食果肉，对于人体消化系统的养护，预防各类疾病都有很明显的效果。

经过两天的紧张准备，小婷对即将到来的考验，似乎有了那么一点点信心，也不再焦虑了。

正式迎接挑战

当天一大早，小婷来到了渝茂通公司，与会议负责人一同在机场接到了从韩国来的韩方公司高层，一行五人返回公司。午餐席间，小婷感觉到这三位客人虽然是公司的高层，但是他们非常亲切，说说笑笑，并不难相处。虽然是第一次带着工作身份当翻译，小婷并不紧张，反而感到非常的放松。

第一次会议，中韩双方，你来我往，循序渐进，分别介绍了各自公司的目的和要求，希望双方能求同存异，达成共识。为了使双方能更清楚地明白对方的意思，小婷采用了交互传译的方式，等一方说完之后，小婷再翻译，这样能够更加清楚和明白，也能给对方思考的时间，会议进行到一半的时候，小婷明显感觉到吃力，谈判的内容进行到了非常专业的领域，她不得不放缓翻译的速度，以寻求翻译的精确度。在研究样品时，韩方认为去除梁平的柚子中带有的苦味是制作产品时的一大难点，而中方认为苦麻素正是梁平柚最重要的营养成分，双方针对这一点展开了激烈的讨论。小婷在翻译之中，不断地迂回，非常注意用词和语气，试图通过翻译来缓解气氛，使双方能够冷静，以加强交流的目的。

在韩方向中方介绍公司正在开发的技术和产品时，中方表现出了极大的兴趣，以此为突破点，双方最终达成了共识。这次会议虽然有一点小小的摩擦，但是还是取得了比较令人满意的结果。小婷的第一次正式翻译到此结束，虽然在其中她遇到了很多的难题，例如专业术语无法翻译、双方情绪难以控制等等，不过小婷利用了语言的多面性，尽量采用比较平和的语气和用词，保证了会议的正常进行。同时小婷也意识到自己有非常多的不足，当晚小婷不得不彻夜弥补专业知识。

第二天上午小婷跟随双方高层出席第二届重庆长江三峡（梁平）柚博会开幕式，小婷采用了同声传译的方式，向韩方一一翻译了各位领导的各项致辞，发言中提到的关于柚子的产业结构、帮扶方式、开发方式等专业术语，是小婷翻译的一大挑战，虽然提前有所准备，但还是很吃力，她不得不避开直接翻译的方式，采用迂回翻译，虽然笨拙，但是有效。

开幕式结束后，在果园负责人的带领下，小婷跟着相关人员开始参观果园，其间谈到了果树的种植技术、果实的养护，以及护花传粉技术。交谈中，小婷发现韩方对于果园不使用农药感到很满意也很惊奇，于是在后面的翻译中，小婷试图不露痕迹地突出这一点。

在后面的磋商中，讨论已经深入到了如何利用果肉和果皮等方面，由于中韩两国并没有签署可以出口水果的协议，小婷建议，可以将果肉单独取出，采用真空包装的方式出口，得到了中韩双方的肯定。小婷在翻译的过程中，韩方不断给她鼓励，中方也不时给她认可，这给了她极大的信心，会议进行到后半段的时候，小婷已经基本可以把握谈话的内容，最后的结果也很令人满意。

开幕式当天下午，中韩双方又出席了高峰论坛，在韩方代表上台发言时，小婷负责实时翻译，庆幸的是没有出错，也没有怯场。之后，小婷仍然向韩方代表实时翻译台上演讲的内容，小婷发现长时间的翻译专业术语有利于知识库的增长，但是非常费脑力和体力，以至于后半段的翻译，小婷开始力不从心，并且开始出错。同时，韩方代表也表现出疲惫的迹象，小婷斟酌再三停止了翻译，让韩方可以稍作休息。结束之后，韩方代表接受了当地电视台的采访，小婷则在旁陪同，这种交谈类的翻译，小婷似乎更加适合。翻译起来得心应手，更加自信。

在参加晚宴时，中韩双方总结了这两天下来的收获，气氛比较融洽和欢快，在一片欢声笑语中，双方表达了合作的强烈意愿，也表现出对未来的看好。小婷的工作至此终于结束。在离开之前，韩方代表送给了她一份礼物，是黄金柚子公司代表性的产品——柚子茶，小婷非常感动，这是对她工作的认可，对她努力的承认，她觉得这几天的努力没有白费。

静心回顾总结

回顾小婷这几天的工作，小婷发现自己是喜欢翻译的。虽然在工作期间有很多困难和挑战，也曾经害怕和失望，但是小婷发现自己努力的时候，大家都在帮助她。尽管她不断地犯错，但他们都对她很宽容，并没有过分地责备她，善意的提醒和小小的鞭策都让她非常有动力。而且小婷发现，原来这个社会也是允许犯错的，原来努力也是有回报的。

见到中韩双方的高层之前，她一直认为身为董事长一定非常地威严，才能够让人信服，但是当真正面对他们时，她才发现原来人格魅力也是非常重要的一环，他们亲切而有礼貌，懂得宽容也懂得退让，讨论时据理力争，进退有据。谈笑时，落落大方，给人一种非常真诚和亲切的感觉。无论是做人还是做工作，都是一门很深的学问，两者联系非常密切，互相成就又互相影响，对小婷来说，是一种非常直接而又新颖的体验。

翻译工作对从业人员的临场反应能力、知识储备量、人格魅力等等要求非常地高，甚至对体力也有要求，是一个非常难以驾驭的职业，这一次的体验让小婷开始了解这一个工作，并且开始爱上了它，希望以后自己也能成为一个合格的翻译。

小婷说："感谢这次机会，感谢给我这次机会的老师，让我能够迎接挑战，战胜自我。短短两天的翻译工作，我体会到了艰辛、困惑和无奈；也感受到了关心、支持和包容。这一次勇敢的探索，我好像找到了通往未来的路，我这一艘短暂靠岸的船，也要重新向未来出发！"

【亮点点评】

爱因斯坦说："苦和甜来自外界，坚强则来自内心，来自一个的人自我努力。"作为一名大四学生，小婷能勇敢地接受自己基本没有接触过的领域的翻译工作，这份勇气就非常难得。后来她能顺利完成这项任务，得益于她为完成任务彻夜不眠、加班加点恶补相关知识，也得益于她的临场反应和灵活处理问题的能力。

"翻译工作对从业人员的临场反应能力、知识储备量、人格魅力等等要求非常的高。"这种体会，只有身临其境的人才会感受得到。现代大学生要知道自己未来走向哪里，需要做哪些准备，离不开实践，有时短暂的实践却有着巨大的魔力，它会唤醒你内心深入的某个声音，告诉你未来你应该走向哪里，你应该做怎么样的努力。在这之前你也许从未听到过这个声音，然而这个声音一旦出现，却是那么有力，那么强烈，让你无法久忽视它的存在。跟着这个声音走吧，因为那是内心最真实的渴望。

固帆调向，冲向新的风浪

2019年7月15日至8月30日，小泽在TCL空调器（中山）有限公司进行了为期一个半月的实习。虽然这次暑期实习的时间有限，但小泽觉得这对他来说是一段十分宝贵的经历。在这段实习经历中，他自己有许多收获，也获得了用人单位的高度评价，真真正正做到了不虚此行。

小泽将本次实习的收获概括为"固帆调向以冲向新的风浪"。小泽通过学习与实践，在全新的外贸领域了解了许多新的知识，并根据工作所需确立了专业学习的目标以及自学英语和外贸相关知识的计划，是以"固帆"；通过自己的体会与同事领导的建议客观认识到了可以发挥的长处与需要改善的短处，找到了适合自己发展的职业领域与发展道路并积极为之准备，是以"调向"；剩下的短短9个月的大学生活，可能是以后的人生中为数不多的、宝贵可以集中性学习的时间，所以要在这段时间中积极调整心态、学习新知识来武装自己，"固帆""调向"以完成过渡，勇于面对身份的转变并投身于自己热爱的事业，是以"冲向新的风浪"。

一、TCL初印象

小泽在通过了集团的面试之后，报道之前，心情十分激动，几个月的求职终于有了结果，而且还满足了专业相关、大平台的愿望。还未报道，人力资源主管便已给了他导师的联系方式，且导师十分热情，在他们团队的群里每个人都对他的加入表示欢迎并给了他许多建议，让他不禁对他即将要实习的地方充满了期待。

报道之后，公司在很多方面都超出了小泽的认知。研发和销售千人以上的团队、从研发到生产再到发货等等完善的产业链、连片的厂区和宿舍区让他感叹公司规模之大。团结一致、踊跃分享、互敬互爱的团队氛围让小泽很快和大家打成一片并喜欢上了他们的小团队以及海外营销的大团队。导师制、丰富的课程培训以及以周为单位的成长跟踪让小泽对公司的实习安排感到满意。

二、实习回顾

小泽在这段实习中有几个不得不说的重要事件。公司在实习开始的时候举办了开营仪式，和自己导师的互动以及集团高管的对话使他体会到了这次实习备受重视，和2019届新雏鹰一起进行的培训使他深刻体会到了企业文化并激发了工作的热情，专门为实习生举办的八月生日会让所有实习生小伙伴都体会到了企业的人文关怀。

说到小泽的工作任务，小泽主要进行订单跟踪、客户管理、与内部单证关务等部门对接、客户接待与邮件回复、外贸流程及相关知识学习等。

三、亮暗点分析

说到亮点，对于工作内容，小泽对待师交代的工作认真完成，并主动要求学习相关业务知识，承担更多任务；掌握了外销的流程并在整个工作流程中贯穿了对它不断的深入了解；对业务中所涉及的支付方式、信用证条款、报价管理尤其是客户关系管理有了更深入的认识；对销售的日常工作以及工作内容有了全新的认知。对于工作方式，遇到不理解的点他会及时向导师甚至其他同事请教，深入了解始末；每天向导师汇报工作情况，总结经验并汲取需要改正的点；举一反三，相通的问题和工作尽量做到一次把握。对于生活，这次实习他收获了一群志趣相投的实习生伙伴，感受到了中东分公司所有同事的热情，体会到了公司对于实习生的重视。

说到暗点，有些工作难以深究始末，只能完成既定信息的编排和处理，有时候会苦于摸不到门道。有时工作十分复杂，会产生懈怠情绪，工作效率低。当和其他支持部门进行业务沟通时，往往以为自己掌握了所需信息，但事实上还需要深入了解。

四、对 TCL 的建议

虽然只在 TCL 体验了一个半月，但是小泽却深深地感受到它是一个拥有完整体系的大体量平台，是一个有能力就会得到重用的舞台，但是它也确实存在一些问题。由于与工厂对接，销售就要大量负责从下单到设计再到排产等等的细节，不可否认的是这样的流程提高了出货效率，但是也增加了销售的工作量，使得销售有时要在部门之间协调造成了精力的浪费。所以有一些改善的方向：持续优化办公系统，建立月度 bug 反馈制度来进行不断优化以提高办公效率；尽量细化任务归属，减少责任推诿问题；技术支持部门绩效与片区业务情况挂钩，其他后部团队加大业务评价奖惩力度，以期提高整个海外团队执行力；交单、货物装柜情况逐渐实现相关部门网络监控，减少业务压力；技术支持部门信息共享，减少信息无用流转。相信在所有同事的共同努力之下，TCL空调一定会越来越好。

五、个人收获

小泽说这其实算是他严格意义上第一次正式接触ToB的销售工作，在这里他接触到了销售的工作内容，了解了他们的日常生活。虽然很累，但是看着领导和客户谈判时胸有成竹的姿态，听着同事谈报价和经营客户关系的时频出的金句，他反而对销售的职位有了更大的激情，十分期待未来自己驰骋市场、把控自己品牌的样子。

小泽通过这次实习，加强了自己的沟通协调能力、资源协调能力和人际交往能力，心理素质方面也得到了锤炼，抗压能力得到了提升。

为了以后可以在相关领域获得更好的发展，小泽觉得自己要从三个方面进行准备：

对于阿拉伯语，要多了解阿拉伯国家特别是中东地区的商业新闻，跟随阿拉伯语央视主持人练习发音，不断深化阿拉伯语学习。

对于英语，要坚持英语口语和听力方面的自主学习，努力通过专业八级的选拔考试。

对于工作方面，无论进入哪个行业，都要不断丰富自己匮乏的行业知识；在三到五年内进入第二职业阶段；在迫切需要更加专业性的知识时，努力考取相关专业的硕士学位，让自己的职业生涯进入新的阶段。

最后，小泽回头看看这次实习工作的始终，觉得自己像是被命运裹挟了一般，其实有时没什么明确的想法，但还是必须止不住地向前走。希望日后的职业生涯可以使自己满意，每次回首时都可以觉得，感谢当年努力的自己。

【亮点点评】

小泽短短一个半月的实习，所总结和体会的内容，不亚于职场一年甚至更长的人才能体会出来的东西，真的是不简单。如此大的收获，不仅得益于他的聪明、能干，更重要的是他投入的状态。虽然身为实习生，但他不局限于完成既定的简单的工作，而是虚心求教，努力做到"知其然然后知其所以然""对于工作方式，遇到不理解的点及时向导师甚至任何同事请教，深入了解始末；

每天向导师汇报工作情况，总结经验并汲取需要改正的点；举一反三，相通的问题和工作尽量做到一次把握"。了解始末、举一反三、总结经验、及时汇报等，做到这个地步，就是因为对这份工作的全身心的投入。

小泽的实习经历不仅使他后来顺利签约了 TCL 旗下的子公司，更重要的是他确定了未来三到五年的职业规划，这对新人来讲是非常难能可贵的。

思立行——成功走向社会的跳板

在踏进大学校园的那一刻，相信大部分的人都对即将到来的大学生活充满了悸动与期待，迫切地想要从高考繁琐单调的学习生活中解放出来，做自己想做的事，尽情享受美好的大学时光。但在现实中，大部分人在前两年的大学生活里都十分迷茫，不知道自己的目标所在。当醒悟过来时候，时间已经悄然溜走。

小林说："为了避免虚度光阴，需要给自己的四年大学生涯做一个合理的规划，将其划分成数个小节点，有目的地去实践，当你按照自己的规划前行的时候，你会发现你已经比其他人领先了很多里程。因此，做好规划，学会如何思立行，将会是你日后步入社会生活的一个重要筹码。"

所谓思立行，简单来讲，就是合理思考规划之后需要行动来做物质支撑，切忌纸上谈兵。很多人不是不会规划，而是不愿意去付诸实践。而不去实践，那就是原地踏步。小林分享了如何高效率做到思立行。

首先第一步，做好个人蓝图规划，践而行之。在高考结束，收到录取通知书的那一刻起，你就需要对自己未来的发展有一个清楚的认识，自己的专业在社会未来的发展方向，自己需要掌握的专业知识以及其他技能。这样，在你进入大学以后，你将会拥有比其他人更明确的目标意识。接下来在大学的前两年，则需要认真学习自己的专业知识。身为外国语学校的学生，课程相比其他专业来说确实是更为枯燥劳累的。但这是你掌握好自己这一门专业的基石，也是关乎你未来就业的敲门砖。即使这门专业不是你所心仪的选择，你也需要去认真对待。因为成绩的优异与否，可以在一定程度上判断你的学习能力是否优秀，抗压能力是否合格。在步入社会以后，你要学的肯定比在大学所学的要更多、更难。拥有专业的知识储备，这将使你之后的学习发展变得更加宽广。小林说他在大学生活的第一学年，也未意识到学习的重要性，但在第一学期结束之后就醒悟过来，迅速调整好状态，迅速补足自己落后的部分。这才有了在他后来公派出国留学的评比里面拔得头筹的回报。所以，对于学习，切勿懈怠。机会，都是给有准备的人。

其次，需要拓展个人的特长技能，这可能会成为你在未来某些特殊场合下让领导对你印象深刻的闪光点。小林喜欢跳舞，所以在课余生活里面，参加了各种晚会、比赛。因此院系老师知道了他的特长，安排他负责院里面的舞蹈比赛。在学校比赛中拿到优异成绩以后，小林又被学校老师邀请加入校排舞队，后面还代表学校出征拿到了全国一等奖。这一点，成了他履历上令面试官记忆深刻的一点。借此，小林有幸在加入招行三个月不到就被主管邀请负责银行的春节晚会的开展与筹备。小林说："在大学生活里，积极地发掘自己的课余专长，也能够使你在未来职业生涯中成为你向上奋进的一份助力，不要觉得自己什么都不会就畏首畏尾，只要勇于尝试，就一定会找寻到独属于自己的特长。"

其三，明确自己的发展方向。很多人在大学的四年中都不知道自己具体想要什么，想做什么，以至于在大三的黄金时期，错过了最佳考研准备时间或是就业最佳期。最后慌不择路，只能是一场空。所以，你越早明白自己所想要的，你就会准备得越充分。若是想要选择继续深造，那么考研越早准备，把握越大；若是想要就业，那在大学时间里，累积自己的实践经历是非常重要的。试问哪个面试官会选择录取简历上一片空白的求职者？寒暑假的时间，一定要利用起来，多多到社会中去历练，能找到对口实习的工作固然是好，找不到也不用慌张，尽量选择能增强个人综合实力的"万金油"类实习岗位，在这类岗位里面，虽然自己的专业能力没办法得到提升，但个人的综合实力一定是可以得到磨炼的。例如，在房地产业，你可以学习与人交流的技巧；在银行，你将明白如何更加谨慎高效地处理业务；在销售业，你可以分析市场走向，学习话术；可以就业的岗位有很多，所以肯定会有适合你的一份工作，千万不要被专业限制住了脚步，一定要多去尝试，多做几份工作，你对自己的能力专长就会有更清晰的认识。关键是，不要畏惧，一定要勇于实践。

最后的最后，是大学生最关心的就业面试方面。在求职者眼里，面试官给人压力。但简单来说，面试这一过程，实际上就是一个双向选择的过程，只要双方特质相符，就一定能有一个好的结果。面试的时候，千万不要自乱阵脚，保持平常心，有主见，有逻辑，充满自信就能够给面试官留下好的印象。其次，对于薪资这一方面，需要对具体行业具体分析，不要胡乱"开价"。有些行业薪资一般但是平台价值高，员工福利丰厚；有些公司薪资待遇优越，但是福利政策没有保障。这些都需要在面试前对相关岗位有一个大致的了解。了解得越透彻，谈判的主导权就越高，人力资源主管也会在可控的范围内给你一个让双方都满意的薪资。总之，积极出击，充满自信，自主选择。是你在求职季找到理想东家的重要标尺。

小林说:"在考研人数激增,就业岗位饱和的现在,明确自己的目标,做好规划,然后努力奋斗,充实提高自己的综合实力,就一定能够在考研与就业中脱颖而出。正所谓:不忘初心,方得始终。"

【亮点点评】

小林是一位有才华、有规划、有思想的优秀学子。他的经历可以给很多学弟学妹们做一个好的参考和榜样。小林如今的优秀不是一天养成的,而是从收到大学录取通知书那一刻他就在精心规划、认真实践,才能在职场游刃有余,如鱼得水。在2020年毕业生人数再创新高的今天,大学生们也面临着前所未有的压力,如何克服这份压力、战胜困难是学子们需要好好思考的。

附录 1 职业代码对照表

以下所列的职业,来源于《美国职业大典》的职业分类,仅供参考

RIA：牙科医生、陶工、建筑设计员、模型工、细木工、制作链条人员。

RIS：厨师、林务员、跳水员、潜水员、染色员、电器修理工、眼镜制作工、电工、纺织机械装配工、报务员、玻璃工、发电工、焊接工。

RIE：建筑工程师、环保工程师、航空工程师、公路工程师、电力工程师、信号工程师、电话工程师、机械工程师、自动化工程师、海洋工程师、交通工程师、制图员、农业经济人员、打捞员、计量员、矿工、农民、农场工人、农业机器操作员、清洁工、无线电修理、汽车修理、手表修理、管子工、线路维修、盖（修）房子、电子技术员、伐木工、机械师、锻压操作工、造船装配工、工具仓库管理员。

RIC：海员、接待员、图书管理员、牙医助手、制帽工、磨坊工、石匠、机器制造、机车（火车头）制造、农机装配工、汽车装配工、缝纫机装配工、钟表装配工、电动器具装配工、鞋匠、锁匠、货物检验员、电梯机修工、托儿所所长、钢琴调音员、装配工、印刷工、建筑钢铁工人、卡车司机。

RAI：雕刻工、模型制作员、木匠、皮革品制作工、手工绣花、编织工、排字工、印刷工、装订工。

RSE：消防员、交通巡警、警官、门卫、理发师、房间清洁工、屠夫、锻工、开凿工人、管理安装工、司机、货物搬运工、送报员、勘探员、娱乐场所的服务员、起卸机操作工、电梯操作工。

RSI：纺织工、编织工、农业学校教师、某些职业课程教师（诸如艺术、商业、技术、工艺课程）、雨衣上胶工人。

RTC：抄水表员、保姆、实验室动物饲养员、动物管理员。

REI：轮船船长、航海领航员、大副、试管实验员。

RES：旅馆服务员、家畜饲养员、渔民、渔网修补工、水手、收割机操作工、搬行李工、公园服务员、救生员、登山导游、火车工程技术员、建筑工、铺轨工。

RCI：测量员、勘测员、仪器操作者、农业工程技术员、化学工程技师、民用工程技师、石油工程技师、资料室管理员、探矿工、燃烧工、烧窑工、矿工、保养工、磨床工、取样工、样品检验员、纺纱工、炮手、绕筒子工、漂洗工、电焊工、银木工、刨床工、制帽工、手工缝纫工、油漆工、染色工、按摩工、木匠、农民建筑工人、电影放映员、勘测员助手。

RCS：公共汽车驾驶员、一等水手、游泳池服务员、裁缝、建筑工人、石匠、烟囱修建工、电话修理工、爆炸手、邮递员、矿工、裱糊工、纺纱工。

RCE：打井工、吊车驾驶员、农场工人、邮件分类员、铲车司机、拖拉机司机。

IAS：普通经济学家、农场经济学家、财政经济学家、国际贸易经济学家、实验心理学家、工程心理学家、心理学家、哲学家、内科医生、数学家。

IAR：人类学家、天文学家、化学家、物理学家、医学病理学家、动物标本制作者、化石修复者、艺术品管理员。

ISE：营养学家、饮食顾问、火灾检查员、邮政服务检查员。

ISC：侦察员、电视播音室修理员、电视修理服务员、验尸室人员、编目录的人、医学实验室技师、调查研究者。

ISR：水生生物学者、昆虫学家、微生物学家、配镜师、矫正视力者、细菌学家、牙科医生、骨科医生。

ISA：实验心理学家、普通心理学家、发展心理学家、教育心理学家、社会心理学家、临床心理学家、皮肤病学家、神精病学家、妇产科医生、眼科医生、五官科氏牛、医学实验室技术专家、民航医务人员、护土。

IES：细菌学家、生理学家、化学专家、地质专家、地理学家、物理学专家、纺织技术专家、医院药剂师、工业药剂师、药房营业员。

IEC：档案保管员、保险统计员。

ICR：质量检查技术员、地质学技师、工程师、法官、图书馆技术辅助员、计算机操作员、医务人员、家禽检查员。

IRA：地理学家、地质学家、水文学家、矿物学家、占生物学家、石油学家、地震学者、声学物理学家、原子和分子物理学家、电学和磁学物理学家、气象学家、设计审核员、人口统计学家、数学统计学家、外科医生、城市规划家、气象员。

IRS：流体物理学家、物别拇洋学家、等离子体物理学家、农业科学家、动物学家、仪器科学家、园艺学家、植物学家、纫菌学家、解剖学家、动物病理学家、作物病理学家、药物学家、生物化学家、生物物理学家、细胞生物学家、临床化学家、遗传学家、分子生物学家、质量控制工程师、地理学家、兽医、放射治疗技师。

IRE：化验员、化学工程师、纺织工程师、食品技师、渔业技术专家材料和测试工程师、电气工程师、土木工程师、航空工程师、行政官员、冶金专家、原子核工程师、陶瓷工程师、地质工程师、电力工程师、口腔科医生、牙科医生。

IRC：飞机领航员、飞行员、物理实验室技师、文献检查员、农业技术专家、动植物技术专家、生物技师、油管检查员、工商业规划者、矿藏安全检查员、纺织品检验员、照相机修理者、工程技术员、编辑计算机程序者、工具设计者、仪器维修工。

CRI：笔记员、会计、记时员、铸造机器操作工、打字员、复印机操作工。

CRS：仓库保管员、档案管理员、缝纫工、收款人。

CRE：标价员、实验室工作者、广告管理员、自动打字机操作员、电动机装配工、缝纫机操作工。

CIS：记账员、顾客服务员、报刊发行员、土地测量员、保险公司职员、会计师、估价员、邮政检查员、外贸检查员。

CIE：打字员、统计员、登记员、订货员、校对员、办公室工作人员。

CIR：校对员、工程职员、海底电报员、检修计划员、发报员。

CSE：接待员、通讯员、电话接线员、卖票员、旅馆服务员、商学教师、旅游办事员。

CSR：运货代理商、铁路职员、交通检查员、办公室通信员。

CSI：记录员、出纳员、银行财务职员。

CSA：秘书、图书管理员、办公室办公员。

CER：邮递员、数字处理员、航空邮件检查员。

CEI：推销员、经济分析家。

CES：银行会计、记账员、法人秘书、速记员、法院报告人。

ECI：银行行长、审计员、信用管理员、地产管理员、商业管理员。

ECS：信用办事员、保险人员、各类进货员、海关服务经理、售货员、采购员。

ERI：建筑物管理员、工业工程师、农场管理员、护士长、农业经营管理人员。

ERS：仓库管理员、房屋管理员、货栈除督管理员。

ERC：邮政局局长、渔船船长、机械操作领班、木工领班、瓦工领班、驾驶员领班。

EIR：科学、技术和有关周期出版物的管理员。

EIC：专利代理人、鉴定人、运输服务检查员、安全检查员、废品收购人员。

EIS：留官、侦察员、交通检查员、安全咨询员、合同管理者、商人。

EAS：法官、律师、公证人。

EAR：展览室管理员、舞台管理员、播音员、训兽员。

ESC：理发师、裁判员、政府行政人员、财务人员、职业病防治、售货员、商业经理、办公室主任、人事负责人、调度员。

ESR：家具售货员、书店售货员、公共汽车的驾驶员、日用商品的售货员、护士长、自然科学和工程的行政领导。

ESI：博物馆管理员、图书馆管理员、古迹管理员、饮食业经理、地区安全服务管理员、技术服务咨询者、超级市场管理员、零售商品店店员、批发商、出租汽车服务调度员。

ESA：博物馆馆长、报刊管理员、音乐器材售货员、广告商、营业员、导游（轮船或班机上的）、事务长、飞机上的服务员、船长、法官、律师。

ASE：戏剧导演、舞蹈教师、广告撰稿人、报刊专栏作者、记者、演员、英语翻译。

ASI：音乐教师、乐器教师、美术教师、管弦乐指挥、合唱队指挥、歌星、演奏家、哲学家、作家、广告经理、时装模特。

AER：新闻摄影师、电视摄像师、艺术指导、录音指导、丑角演员、魔术师、木偶戏演员、骑士、跳水员。

AEI：音乐指挥、舞台指导、电影导演。

AES：流行歌手、舞蹈演员、电影导演、广播节目主持人、舞蹈教师、口技表演者、喜剧演员、模特。

AIS：画家、剧作家、编辑、评论家、时装艺术大师、新闻摄影师、男演员、文学作者。

AIE：花匠、皮衣设计师、工业产品设计师、剪影艺术家、复制雕刻品大师。

AIR：建筑师、画家、摄影师、绘图员、环境美化工、雕刻家、包装设计师、陶瓷设计师、绣花工。

SEC：社会活动家、退伍军人服务官员、工商会事务代表、教育咨询家、宿舍管理员、旅馆经理、饮食服务管理员。

SER：体育教练、旅游指导。

SEI：大学校长、学院院长、医院行政管理员、历史学家、家政经济学家、职业学校教师、资料员。

SEA：娱乐活动管理员、国外服务办事员、社会服务助理、一般咨询者、宗教教育工作者。

SCE：部长助理、福利机构职员、生产协调人、环境卫生管理人员、戏院经理、餐馆经理、售票员。

SRI：外科医师助手、医院服务员。

SRE：体育教师、职业病治疗者、体育教练、专业运动员、房管员、儿童家庭教师、警察、引座员、传达员、保姆。

SRC：护理员、护理助理、医院勤杂工、理发师、学校儿童服务人员。

SIA：社会学家、心理咨询者、学校心理学家、政治科学家、大学或学院的系主任、大学或学院的教育学教师、大学农业教师、大学工程和建筑课程教师、大学法律教师、大学数学、医学、物理、社会科学和生命科学教师、研究生助教、成人教育教师。

SIE：营养学家、饮食学家、海关检查员、安全检查员、税务相查员、校长。

SIC：描图员、兽医助手、诊所助理、体检检查员、督务人员、娱乐指导者、咨询人员、社会科学教师。

SIR：理疗员、救护队工作人员、专业医师、职业病治疗助手。

SAC：理发师、指甲修剪师、包装艺术家、美容师、整容专家、发式设计师。

SAE：听觉病治疗者、演讲矫正者。

SAI：图书馆管理员、小学教师、幼儿园教师、学前儿童教师、中学教师、师范学院教师、盲人教师、智力障碍人教师、聋哑人教师、学校护士、牙科助理、飞行指导员。

附录2 工作价值观清单

项目	项目释义	选中	排序
利他主义	总是为他人着想,把直接为大众的幸福和利益尽一份力作为自己的追求。		
审美主义	能不断地追求美的东西,得到美感的享受。		
智力刺激	不断进行智力开发、动脑思考、学习和探索新事物,解决新问题。		
成就动机	不断创新、不断取得成就、不断得到领导和同事的赞扬或不断实现自己想要做的事。		
自主独立	能够充分发挥自己的独立性和主动性,按自己的方式、想法去做,不受他人干扰。		
社会地位	所从事的工作在人们的心目中有较高的社会地位,从而使自己得到他人的重视与尊敬。		
权利控制	获得对他人或某事的管理权,能指挥和调遣一定范围内的人或事物。		
经济报酬	获得优厚的报酬,使自己有足够的财力去获得自己想要的东西,使生活过得较为富足。		
社会交往	能和各种人交往,建立比较广泛的社会联系和关系,甚至能和知名人物结识。		
安全稳定	希望不管自己能力怎样,在工作中要有一个安稳的局面,不会因为奖金、增加工资、调动工作或领导训斥等而经常提心吊胆、心烦意乱。		
轻松舒适	希望将工作作为一种消遣、休息或享受的形式,追求比较舒适、轻松、自由、优越的工作条件和环境。		
人际关系	希望一起工作的大多数同事和领导人品好,相处在一起感到愉快、自然。		
追求新意	希望工作内容经常变换,使工作和生活显得丰富多彩,不会单调枯燥。		

附录3 职业技能分类卡（GCDF）

		技能	技能内涵
I	1	书面信息获取	从书面资料研究中获取信息
	2	创意	通过思考、构想、遐想和头脑风暴的方法产生新的想法
	3	写作	撰写报告、信件、文章、广告、故事或教育资料
	4	概念化	构思并酝酿出新的概念和思想
	5	分析	用合乎逻辑的方法分解和解决问题
	6	归纳总结	整合概念和信息，使不同的元素形成系统的整体
	7	发明	产生新观点，或整合现有观点获得新成果
	8	观察	按科学的方法研究、细察、检测数据、人或事
C	9	持续记录	通过日志、流水账、比较或表格等方法保持信息的更新
	10	事务管理	协调事件，做好后勤安排
	11	处理数字	使用计算、演算、组织等方法解决数字、数量相关的问题
	12	多任务管理	协调多个并发任务，使之有效的被执行
	13	想象	容易想象出事务的各种可能性
	14	在线收集信息	通过搜索引擎或互联网收集、组织信息和数据
	15	归类	对人、事或资料进行分组、归类或组织
	16	制定战略	为成功达到目标制定有效的计划或长期战略
	17	决策	对重要、复杂的事件做决策
	18	测评	测量熟练度、质量或有效性
	19	直觉	运用洞察和远见能力
	20	适应变化	轻松且快速地适应工作任务与环境的变化
	21	应对模糊情景	能自如、有效的应对缺乏清晰性、结构性和确定性的问题
	22	临场发挥	在无准备的情况下有效的思考、演说或行动

续表

		技能	技能内涵
C	23	时间管理	确定任务的优先顺序、做好安排、保证任务的及时完成
	24	评价	对可行性或质量进行测量、评估和鉴定
	25	校对、编辑	检查书面材料中的词汇使用和体裁是否正确，并改正
	26	估价	对价值或成本进行评定
	27	计划、组织	确定项目目标、制定计划并推进
S	28	调停	管理冲突、和解分歧
	29	激励	使他人充满动力、积极投入，做出最佳表现
	30	公关	保持个人或团队间的联系
	31	指导	为新手提供教导、训练或咨询
	32	教导、培训	对学生、员工或顾客进行说明、解释和指导
	33	客户服务	有效解决顾客提出的问题、应对顾客挑衅，最终使顾客满意
	34	咨询	通过指导、建议或训练他人，促使其个人成长
	35	情绪处理	善于处理自己的情绪，如用倾诉的方法；同时善于倾听、接纳别人；可以控制愤怒，保持冷静，有适时的幽默感
E	36	推进	加速生产或服务，解决纷争使流程顺畅
	37	引导变革	施加影响改变现状，并运用决断力或领导力引导新的方向
	38	监控	追踪和控制人或事的发展趋势
	39	谈判	为权利或利益讨价还价
	40	执行	根据制度和计划安排行动
	41	授权	通过将任务分配给其他人的方式有效工作
	42	团队合作	易于与他人合作完成工作
	43	销售	使客户确信个人、公司、产品或服务的价值，增加销售金额
	44	质询	在交流中通过提问捕获关心的主题
	45	督导	对他人的工作进行监督和指导
A	46	设计	对程序、产品或环境进行构建与创新
	47	绘画	素描、绘制插图和油画、拍摄照片等
	48	娱乐、表演	为他人进行演唱、舞蹈、演奏等表演或在大众面前阐述观点和演讲

续表

		技能	技能内涵
R	49	预算	更经济、有效的使用金钱或其他资源
	50	机械使用	装配、调试、修理发动机或其他机械
	51	计算机技能	利用软件，如 Microsoft Word、Excel 和 Powerpoint 等，推进、完成任务和项目

职业技能卡的应用

	非常熟练	可以胜任	不胜任
非常愿意			
比较愿意			
愿意使用			
最好不用			
非常不愿意			

附录4 职业锚测评表及解析

职业锚测评问卷

下面给出了40个问题,根据你的实际情况,从1到6中选择最符合你的情况的描述。

提醒:选择极端的答案时,请确定它完全符合你的实际情况。

题号	测评问题	从不 1	偶尔 2	有时 3	经常 4	频繁 5	总是 6
1	我希望做我擅长的工作,这样我作为行家的建议可以不断被采纳						
2	当我整合并管理其他人的工作时,我非常有成就感						
3	我希望我的工作能让我用自己的方式,按自己的计划去开展						
4	对我而言,安定与稳定比自由和自主更重要						
5	我一直在寻找可以让我创立自己事业(公司)的创意(点子)						
6	我认为只有对社会做出真正贡献的职业才算是成功的职业						
7	在工作中,我希望去解决那些有挑战性的问题,并且胜出						
8	我宁愿离开公司,也不愿从事需要个人和家庭做出一定牺牲的工作						
9	将我的技术和专业水平发展到一个更具有竞争力的层次是成功职业的必要条件						
10	我希望能够管理一个大公司(组织),我的决策将会影响许多人						

续表

题号	测评问题	从不 1	偶尔 2	有时 3	经常 4	频繁 5	总是 6
11	如果职业允许自由地决定自己的工作内容、计划、过程时，我会非常满意						
12	如果工作结果使我丧失了自己在组织中的安全稳定感，我宁愿离开这个工作岗位						
13	对我而言，创办自己的公司比在其他的公司中争取一个高的管理位置更有意义						
14	我的职业满足来自我可以用自己的才能去为他人提供服务						
15	我认为职业的成就感来自克服自己面临的非常有挑战性的困难						
16	我希望我的职业能够兼顾个人、家庭和工作的需要						
17	对我而言，在我喜欢的专业领域内做资深专家比总经理更具有吸引力						
18	只有在我成为公司的总经理后，我才认为我的职业人生是成功的						
19	成功的职业应该允许我有完全的自主与自由						
20	我愿意在能给我安全感、稳定感的公司中工作						
21	当通过自己的努力或想法完成工作时，我的工作成就感最强						
22	利用自己的才能使世界变得更适合生活或居住，比争取一个高的管理职位更重要						
23	当我解决了看似不可解决的问题或在必输无疑的竞赛中胜出，我会非常有成就感						
24	我认为只有很好地平衡了个人、家庭、职业三者的关系，生活才能算是成功的						
25	我宁愿离开公司，也不愿频繁接受那些不属于我专业领域的工作						
26	对我而言，作一个全面管理者比在我喜欢的专业领域内做资深专家更有吸引力						
27	对我而言，用我自己的方式不受约束地完成工作，比安全、稳定更加重要						

续表

题号	测评问题	从不 1	偶尔 2	有时 3	经常 4	频繁 5	总是 6
28	只有当我的收入和工作有保障时,我才会对工作感到满意						
29	如果我能成功地创造或实现完全属于自己的产品或点子,我会感到非常成功						
30	我希望从事对人类和社会真正有贡献的工作						
31	我希望工作中有很多机会,可以不断挑战我解决问题的能力(或竞争力)						
32	能很好地平衡个人生活与工作,比达到一个管理职位更重要						
33	如果在工作中能经常用到我特别的技巧和才能,我会感到特别满意						
34	我宁愿离开公司,也不愿意接受让我离开全面管理的工作						
35	我宁愿离开公司,不愿意接受约束我自由和自主控制权的工作						
36	我希望有一份让我有安全感和稳定感的工作						
37	我梦想着创造属于自己的事业						
38	如果工作限制了我为他人提供帮助和服务,我宁愿离开公司						
39	去解决那些几乎无法解决的难题,比获得一个高的管理职位更有意义						
40	我一直在寻找一份能够最大程度的减少个人和家庭之间冲突的工作						

计分方法:

在40题中挑出3个得分最高的项目(如果得分相同,挑出最感兴趣、最符合日常想法的3项),在每个项目得分的后面,再加4分。(例如,第40题,得了6分,则该题应当加4分,变为10分)

将每一题的得分(其中三项应多加4分)填入下面的空白表格中,然后按照"列"进行分数累加,得到每一列的总分。

类型	TF	GM	AU	SE	EC	SV	CH	LS
加分项	1	2	3	4	5	6	7	8
	9	10	11	12	13	14	15	16
	17	18	19	20	21	22	23	24
	25	26	27	28	29	30	31	32
	33	34	35	36	37	38	39	40
总分								

职业锚类型的说明

TF 型：技术/职能型职业锚　Technical/Functional Competence

始终不肯放弃的是在专业领域中展示自己的技能，并不断把自己的技术发展到更高层次的机会。希望通过施展自己的技能以获取别人认可，并乐于接受来自专业领域的挑战，可能愿意成为技术/职能领域的管理者，但管理本身不能给你带来乐趣，极力避免全面管理的职位，因为这意味着你可能会脱离自己擅长的专业领域。

GM 型：管理型职业锚　General/Managerial　Competence

始终不肯放弃的是升迁到组织中更高的管理职位，这样能够整合其他人的工作，并对组织中某项工作的绩效承担责任。你希望为最终的结果承担责任，并把组织的成功看作是自己的工作。如果目前在技术/职能部门工作，你会将此看成积累经验的必须过程，你的目标是尽快得到一个全面管理的职位，因为你对技术/职能部门的管理不感兴趣。

AU 型：自主/独立型职业锚　Autonomy/Independence

始终不肯放弃的是按照自己的方式工作和生活，希望留存能够提供足够的灵活性，并由自己来决定何时及如何工作的组织中。如果你无法忍受任何程度上的公司的约束，就会去寻找一些有足够自由的职业。你宁可放弃升职加薪的机会，也不愿意丧失自己的独立自主性。为了能有最大程度的自主和独立，你可能创立自己的公司，但你的创业动机是与后面叙述的创业家的动机是不同的。

SE 型：安全/稳定型　Security/Stability

始终不肯放弃的是稳定的或终身雇佣的职位。你希望有成功的感觉，这样你才可以放松下来。你关注财务安全（如养老金和退休金方案）和就业安全。

你对组织忠诚，对雇主言听计从，希望以此换取终身雇佣的承诺。虽然你可以到达更高的职位，但你对工作的内容和在组织内的等级地位并不关心。任何人（包括自主/独立型）都有安全和稳定的需要，在财务负担加重或面临退休时，这种需要会更加明显。安全/稳定型职业锚的人总是关注安全和稳定问题，并把自我认知建立在如何管理安全与稳定上。

EC 型：创造/创业职业锚　Entrepreneurial/Creativity

始终不肯放弃的是凭借自己的能力和冒险愿望，扫除障碍，创立属于自己的公司或组织。你希望向世界证明你有能力创建一家企业，现在你可能在某一组织中为别人工作，但同时你会学习并评估未来的机会，一旦你认为时机成熟，就会尽快开始自己的创业历程。你希望自己的企业有非常高的现金收入，以证明你的能力。

SV 型：服务型职业锚　Sense of Service, Dedication to a Cause

始终不肯放弃的是做一些有价值的事情，比如让世界更适合人类居住、解决环境问题、增进人与人之间的和谐、帮助他人、增强人们的安全感、用新产品治疗疾病等。你宁愿离开原来的组织，也不会放弃对这些工作机会的追求。同样，你也会拒绝任何使你离开这些工作的调动和升迁。

CH 型：挑战型职业锚　Challenge

始终不肯放弃的是去解决看上去无法解决的问题、战胜强硬的对手或克服面临的困难。对你而言，职业的意义在于允许你战胜不可能的事情。有的人在需要高智商的职业中发现这种纯粹的挑战，例如仅仅对高难度、不可能实现的设计感兴趣的工程师。有些人发现处理多层次的、复杂的情况是一种挑战，例如战略咨询师仅对面临破产、资源消耗尽的客户感兴趣。还有一些人将人际竞争看成是挑战，例如职业运动员，或将销售定义为非赢即输的销售人员。新奇、多变和困难是挑战的决定因素，如果一件事情非常容易，它立马会变得令人厌倦。

LS 型：生活型职业锚　Lifestyle

始终不肯放弃的是平衡并整合个人的、家庭的和职业的需要。你希望生活中的各个部分能够协调统一向前发展，因此你希望职业有足够的弹性允许你来实现这种整合。你可能不得不放弃职业中的某些方面（例如晋升带来跨地区调动，可能打乱你的生活）。你与众不同的地方在于过自己的生活，包括居住在什么地方、如何处理家庭事务及在某一组织内如何发挥自己。

附件5　职业价值观分类卡

职业价值观分类卡

使用说明：请将以下价值观填入下列表格的对应栏目。例如：利他助人是你总是认同的价值观就填入"总是认同"栏目下，以此类推。

15项职业价值观

利他助人：工作的价值在于提供机会让个人为社会大众的福利尽一份心力。

美的追求：致力使这个世界更美好，增加艺术的气氛。

创造性：能让个人发明新事物，设计新产品或发展新观念。

智性激发：提供了独立思考，学习与分析事理的机会。

独立性：能允许个人以自己的方式或步调来进行。

成就感：能看到自己工作具体成果因此获得精神上的满足。

声望地位：能提高个人身份或名望，但此声望是来自他人的敬佩，而非来自权力与地位。

管理权力：能赋予个人权力来策划并分配工作给其他人。

经济报酬：获得优厚的报酬有能力购置他所梦想的东西。

安全感：能提供安定生活的保障，即使经济不景气时也不受影响。

工作环境：工作能在不冷、不热、不脏的宜人环境下进行。

上司关系：能与主管平等且融洽的相处。

同事关系：能与志同道合的伙伴愉快工作。

变异性：工作之价值在于富于变化，能让人尝试不同内容的事情。

生活方式：工作的目的或价值在于能让人选择自己的生活方式，并实现自己的理想。

总是认同	经常认同	有时认同	很少认同	从不认同

附录6 兴趣岛测试

你适合什么职业？假设你正在驾驶着一架小型飞机横跨太平洋。忽然飞机的引擎冒烟，即将坠毁，15秒后就会自动爆炸以免产生废物。你只能跳伞降落到以下几个岛屿，可能你一辈子也不会碰上有船把你救走，你可能会在岛上生活一辈子。你会选择哪个岛屿呢？

R：自然原始的岛屿	I：深思冥想的岛屿	A：美丽浪漫的岛屿
岛上的自然生态保持得很好，有各种野生动物。居民以手工见长，自己种植花果蔬菜、修缮房屋、打造器物、制作工具，喜欢户外运动。	有多处天文馆、科技博物馆及图书馆。居民喜好观察学习，崇尚和追求真知。常有机会和来自各地的哲学家、科学家、心理学家等交流心得。	到处是美术馆、音乐厅，街头雕塑和街边艺人，弥漫着浓厚的艺术气息。居民保留了传统的舞蹈、音乐与绘画。许多文艺界的朋友都喜欢来这个地方寻找灵感。
C：现代、井然有序的岛屿	E：显赫富庶的岛屿	S：友善亲切的岛屿
岛上建筑十分现代化，是进步的都市形态，以完善的户政管理、地政管理、金融管理见长。岛民个性冷静，处事有条不紊，善于组织规划，细心高效。	居民善于企业经营和贸易，能言善道。经济高度发展，处处是高级饭店、俱乐部、高尔夫球场。往来者多是企业家、经理人、政治家、律师等。	居民个性温和、友善、乐于助人，社区均自成一个密切互动的服务网络，人们重视互助合作，重视教育，关怀他人，充满人文气息。

附录7　霍兰德人格六角模型

霍兰德认为，环境造就了人格，反过来人格又影响着个体对职业环境的选择与适应。人们总是寻找能够施展其能力与技能、表现其态度与价值观的职业。职业满意感、稳定性和职业成就取决于个体人格类型和职业环境的匹配与融合。职业行为是人格与环境相互作用的结果。

霍兰德用六边形模型来表示六种人格、职业类型的相互关系，边和对角线的长度反映了六种人格类型之间心理上的一致性程度，同时也代表着六种职业类型之间的相似与相容程度。

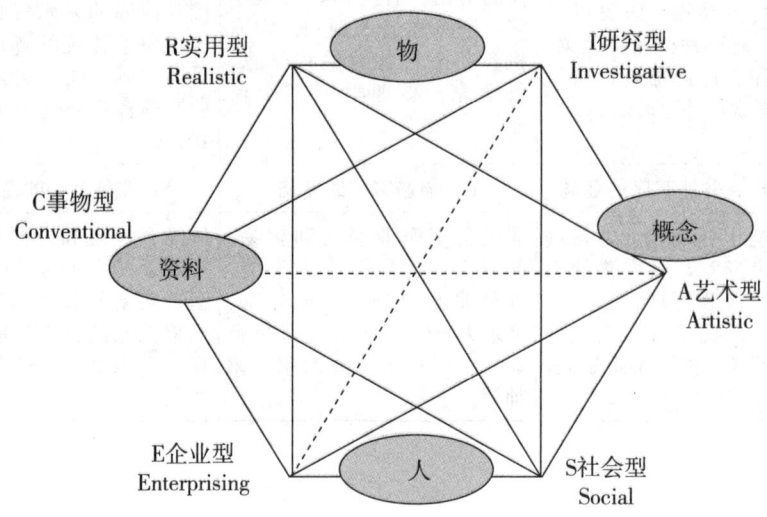